Le LAPEYRIE 2018

Édition : Émilie Mongrain
Coordonnateur de projet : Mario Landry
Design graphique : Josée Amyotte
Infographie : Chantal Landry
Correction : Odile Dallaserra
Traitement des images : Johanne Lemay

Photos © Mario Landry,
à l'exception des pages 6, 9, 282, 289, 290 :
Shutterstock.

10-17

Imprimé au Canada

Dépôt légal : 2017
Bibliothèque et Archives nationales du Québec
ISBN 978-2-7619-4786-2

DISTRIBUTEURS EXCLUSIFS :

Pour le Canada et les États-Unis :
MESSAGERIES ADP inc.*
Téléphone : 450-640-1237
Internet : www.messageries-adp.com
* filiale du Groupe Sogides inc.,
filiale de Québecor Média inc.

Pour la France et les autres pays :
INTERFORUM editis
Téléphone : 33 (0) 1 49 59 11 56/91
Service commandes France Métropolitaine
Téléphone : 33 (0) 2 38 32 71 00
Internet : www.interforum.fr
Service commandes Export – DOM-TOM
Internet : www.interforum.fr
Courriel : cdes-export@interforum.fr

Pour la Suisse :
INTERFORUM editis SUISSE
Téléphone : 41 (0) 26 460 80 60
Internet : www.interforumsuisse.ch
Courriel : office@interforumsuisse.ch
Distributeur : OLF S.A.
Commandes :
Téléphone : 41 (0) 26 467 53 33
Internet : www.olf.ch
Courriel : information@olf.ch

Pour la Belgique et le Luxembourg :
INTERFORUM BENELUX S.A.
Téléphone : 32 (0) 10 42 03 20
Internet : www.interforum.be
Courriel : info@interforum.be

Gouvernement du Québec – Programme de crédit d'impôt pour l'édition de livres – Gestion SODEC – www.sodec.gouv.qc.ca

L'Éditeur bénéficie du soutien de la Société de développement des entreprises culturelles du Québec pour son programme d'édition.

Conseil des Arts du Canada | Canada Council for the Arts

Nous remercions le Conseil des Arts du Canada de l'aide accordée à notre programme de publication.

Financé par le gouvernement du Canada
Funded by the Government of Canada
Canada

Nous reconnaissons l'aide financière du gouvernement du Canada par l'entremise du Fonds du livre du Canada pour nos activités d'édition.

Le Lapeyrie 2018

LES EDITIONS DE L'HOMME
Une société de Québecor Média

Le LAPEYRIE 2018

AVANT-PROPOS

On vous dit ça sans tambour ni trompette, les amis, mais c'est déjà la 7e édition de notre annuel bouquin du vin ! Je sais, je sais, nous sommes encore de « jeunes beaujolais nouveaux », mais nous sommes quand même vachement fiers du travail accompli. Ce boulot consiste à vous dénicher la crème des vins qui sont disponibles en bonne quantité sur les tablettes de la SAQ. Donc, nous goûtons des centaines de vins, et quand ils nous plaisent et que les disponibilités dans le réseau sont bonnes, nous prenons des notes. Sans avoir un nez bionique ou la science organoleptique infuse, à notre connaissance et en toute impartialité nous essayons de vous trouver les meilleures bouteilles à moins de 30 ou 40 $. C'est aussi simple que ça ! Certains diront « Wow ! c'est une job de rêve ! », et ils auront bien raison. Nous analysons des produits alcoolisés (des vins à plus de 95 %) et nous sommes libres comme l'air, puisque nous n'avons à plaire à personne. Oui, c'est génial, et nous sommes totalement conscients de la chance que nous avons de pratiquer un tel métier.

Qui est ce « nous » ?

C'est le même petit quatuor que ces dernières années. Il y a le discret mais combien efficace Mathieu St-Amour, le sommelier de l'Échaudé à Québec, avec qui j'ai dégusté tous les vins de ce guide. Il y a aussi le minutieux et fort professionnel Mario Landry, directeur des Ressources humaines du cégep de Rivière-du-Loup, qui veille sur la logistique de notre travail. Sans oublier celle qui m'endure depuis tout près de 20 ans, Pascale Labrecque, l'assidue et attentionnée enseignante en Service à la restauration de l'École hôtelière de la Capitale, qui lit, relit et re-relit tout le contenu de cet ouvrage pour s'assurer de sa qualité irréprochable.

Où se font les dégustations ?

Dans le calme de notre petit labo de la rue Saint-Pierre, dans le magnifique Vieux-Port de Québec.

Quand se font les dégustations ?

Nous commençons le marathon à la fin janvier. Tous les lundis, mardis et mercredis, nous sommes fidèles au poste. Nous dégustons l'avant-midi ; et l'après-midi je passe en mode rédaction. Seuls les vins qui nous ont procuré du plaisir et de la satisfaction sont décortiqués. Nous ne parlons tout simplement pas de ceux que nous n'avons pas aimés.

Comment se font les dégustations ?
Chaque semaine, nous consacrons une journée à la dégustation des blancs et deux journées aux rouges. Les vins blancs, les mousseux et les rosés sont servis à 10 °C ; les rouges, à 16 °C. Aucun produit n'est dégusté à l'anonyme. Nous classons les lots de vins par régions de production et/ou par pays. Donc, pendant une journée complète, nous analysons par exemple les vins de la vallée de la Loire, et un autre jour les vins du Chili, puis de la Toscane, et ainsi de suite. Tous les produits sont dégustés dans un verre Riedel de la série Ouverture.

Avec nous, pas de passe-droit : nous jugeons le produit pour ce qu'il est, point final. Nous travaillons pour vous, c'est tout !

Cette année encore, nous avons analysé 125 vins sous toutes leurs facettes. Dans chacune des fiches, vous trouverez les cépages, la température de service, la région et/ou l'appellation, la durée de conservation en cave, le code SAQ du produit, le millésime, le producteur, le nom de la cuvée, le nombre de grammes de sucre résiduel par litre, le pourcentage d'alcool et l'accord mets-vin. Évidemment, nous vous faisons part aussi de nos précieuses notes de dégustation et des conseils de service, mais aussi de certaines anecdotes sur le vin, sur les vignerons et les domaines qui le mettent en bouteille. Ce serait prétentieux de dire que nous avons pensé à tout, mais disons qu'avec le temps nous avons appris des choses, et, comme un bon flacon, nous nous sommes quelque peu bonifiés !

C'est donc le torse bombé et la tête bien haute que nous vous proposons cette « cuvée » 2018 de notre guide ! Nous vous souhaitons de merveilleuses découvertes en ouvrant les fioles que nous avons sélectionnées pour vous, avec les gens qui vous sont chers !

Santé, les amis !

Phil Lapeyrie
Votre marchand de bonheur

TOP VIN

BLANCS

Crama Regala –
Vinaria din Vale 2015 p. 26
Moldavie
Prix : 6,15 $ Code SAQ : 13182018

Terre di Giumara –
Caruso & Minini 2016 p. 68
Sicile/Italie
Prix : 16,75 $ Code SAQ : 11793181

Secateurs –
Adi Badenhorst 2016 p. 72
Western Cape/Afrique du Sud
Prix : 17,30 $ Code SAQ : 12135092

Les Bornés – Henry Pellé 2015 p. 80
Loire/France
Prix : 22,35 $ Code SAQ : 10523366

La Moussière –
Alphonse Mellot 2016 p. 88
Loire/France
Prix : 28,85 $ Code SAQ : 00033480

ROUGES

Agarena –
Bodegas Murviedro 2015 p. 90
Valence/Espagne
Prix : 8,30 $ Code SAQ : 00620674

Seleccion – Borsao 2015 p. 102
Argon/Espagne
Prix : 11,80 $ Code SAQ : 10324623

Pasico – Juan Gil 2015 p. 104
Murcie/Espagne
Prix : 11,90 $ Code SAQ : 12990152

Château La Lieue – 2015 p. 112
Provence/France
Prix : 13,25 $ Code SAQ : 00605287

Flor de Crasto –
Quinta do Crasto 2015 p. 118
Douro/Portugal
Prix : 13,55 $ Code SAQ : 10838579

Château La Mothe du Barry –
2015 p. 126
Bordeaux/France
Prix : 14,55 $ Code SAQ : 10865307

Jeunes Vignes –
Domaine Thymiopoulos 2015 p. 148
Macédoine/Grèce
Prix : 17,10 $ Code SAQ : 12212220

Montecorna –
Remo Farina 2014 p. 164
Vénétie/Italie
Prix : 18,20 $ Code SAQ : 00908269

Réserve – Château de Gourgazaud
2015 p. 172
Languedoc-Roussillon/France
Prix : 18,70 $ Code SAQ : 00972646

Château Bujan – 2014 p. 190
Bordeaux/France
Prix : 21,05 $ Code SAQ : 00862086

Le Régal – Le Loup Blanc 2015
p. 192
Languedoc-Roussillon/France
Prix : 21,10 $ Code SAQ : 10405010

Quintessence –
Château Pesquié 2014 p. 210
Rhône/France
Prix : 23,50 $ Code SAQ : 00969303

Joel Gott 815 – Trinchero 2014
p. 212
Californie/États-Unis
Prix : 23,70 $ Code SAQ : 12257014

Château de Haute-Serre –
2014 p. 220
Sud-Ouest/France
Prix : 24,60 $ Code SAQ : 00947184

Château Montus – 2011 p. 250
Sud-Ouest/France
Prix : 28,85 $ Code SAQ : 00705483

3 495860 911233

Domaine de Gournier 2016

11,55 $

ORIGINE
Pays d'Oc – Languedoc-Roussillon - France

CÉPAGES
Mourvèdre - grenache - syrah - cabernet sauvignon

À SERVIR À
10-11 °C

CARAFE
-

À BOIRE AVANT
2018

SUCRE ET ALCOOL
1,4 g/l et 13 %

CODE SAQ
00464602

ACCORDS
Une quiche bien garnie d'asperges, de jambon, de fromage 1608 râpé, de morceaux de brocoli, de champignons sauvages serait une excellente compagne ! Une salade du chef garnie de crevettes nordiques lui irait aussi à ravir avec son côté frais.

IL BRILLERA À TABLE SUR DE NOMBREUX PLATS.

Même si le rosé Coto de Hayas d'Espagne à 10,25$ et le Listel du sud de la France à 11,05$ tirent fort bien leur épingle du jeu, celui du Domaine de Gournier, que je salue ici, est, selon moi, de loin le plus réussi sous la barre des 12 douilles toutes tablettes confondues à la SAQ. Sans se prendre pour un grand bandol, un tavel ou pour un rassasiant rosado de la Navarre ibérique, il n'a pas de complexe, car il charme et plaît, point. Sa capsule à vis vous facilitera la tâche si vous avez à ouvrir 15-20 bouteilles lors d'une réception, et vous réduirez les risques de tomber sur un vin bouchonné. Alors, si vous l'ouvrez sans trop attendre (disons dans les 6 à 12 prochains mois), vous aurez une jolie surprise en lui «twistant» le bouchon.

Il a un tantinet moins de nez que dans les millésimes précédents, mais c'est très bien ainsi. Arômes de crème de cassis, de jus de canneberge, de sirop de grenadine… Aucun sucre résiduel n'est au rendez-vous et ça glisse en bouche comme un thé vert bien tiède. Vous pourrez le servir à l'apéro, mais il brillera également à table sur de nombreux plats, car il s'agit d'un solide caméléon. Le rapport qualité/prix est impeccable, vachement étonnant pour son rang.

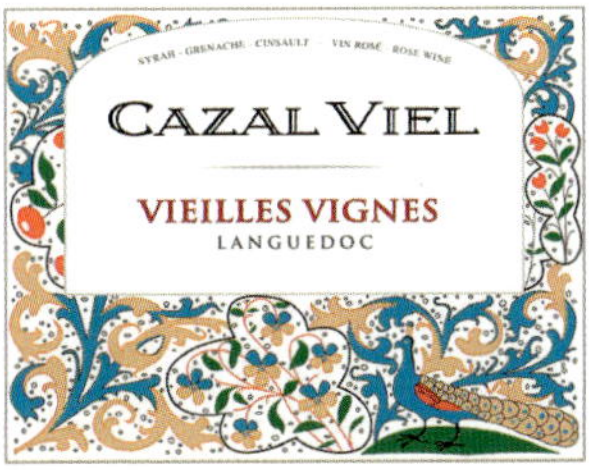

DANS LA MÊME LIGNÉE:
Vieilles Vignes
Cazal Viel 2016
CODE SAQ: 10510354
PRIX: 12,40$

3 357781 000000

Simboli
La Vis 2015

12,65 $

ORIGINE
Vénétie - Italie

CÉPAGE
Pinot grigio

À SERVIR À
9-10 °C

CARAFE
-

À BOIRE AVANT
2018

SUCRE ET ALCOOL
4,1 g/l et 12 %

CODE SAQ
12667911

ACCORDS
Bouchées apéritives, tapas à base de tomates, salade de tomates cerises et pointes de pizza au basilic et trois fromages feraient de fort belles unions.

PROFITONS DE SES BELLES COURBES !

Nous avions été fort charmés par ce rosé italien l'an dernier. Il avait d'ailleurs fièrement figuré dans notre «top» des 10 meilleurs rosés de l'année. Il coûtait un peu plus de 14 $, mais il vous en coûtera dorénavant 12,65 $. À ce prix, je ne sais pas pour vous, mais, nous, on dirait qu'on le trouve encore meilleur. Bon, d'accord, ce n'est pas un pénétrant et hyper-gracieux rosé provençal, rhodanien ou languedocien, mais il n'est ni mince, ni sucré, ni insipide comme certains de ses collègues proposés dans la même fourchette de prix.

Fait exclusivement de pinot grigio (pinot gris), sa coloration est très pâle et un brin grisonnante. Ce n'est pas le plus expressif, le plus ouvert ni le plus complexe sur le plan aromatique. On l'apprécie pour sa rondeur gustative, son côté caressant et sa texture fort satisfaisante pour une quille de sa trempe. Son acidité n'est pas marquée et je vous suggère de le boire dans les 6 à 12 mois suivant son achat. Ne faites pas l'erreur de le servir «frette» (donc sortez-le du frigo une petite demi-heure avant de le boire) et vous profiterez de ses belles courbes !

DANS LA MÊME LIGNÉE :
Pinot Grigio
Primelli 2016
CODE SAQ : 13258043
PRIX : 10,50 $

0 057496 008324

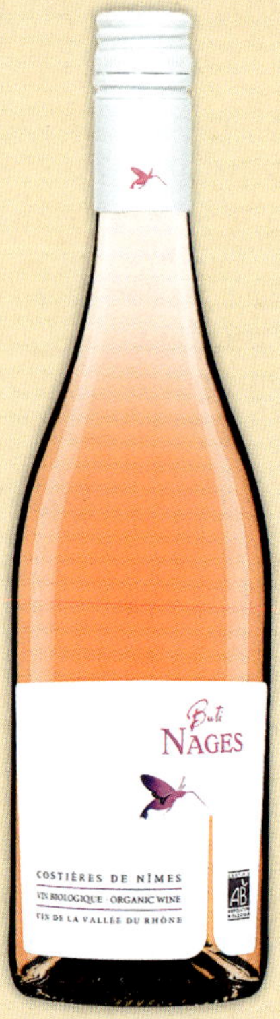

Buti Nages Château de Nages 2016

14,55 $

ORIGINE
Costières de Nîmes - Rhône - France

CÉPAGES
Grenache - syrah

À SERVIR À
10-11 °C

CARAFE
-

À BOIRE AVANT
2018-2019

SUCRE ET ALCOOL
1,9 g/l et 13,5 %

CODE SAQ
00427625

ACCORDS
La fraîcheur d'un gaspacho (soupe froide de tomate d'origine espagnole) ou les méridionaux et envoûtants parfums d'une bouillabaisse (soupe de poisson d'origine provençale) lui feront particulièrement honneur.

TENDRE, ONCTUEUX, TOUT EN TEXTURE.

Ce délicieux produit vous fera vite oublier tous les préjugés sur les rosés «bonbons» au style *juicy fruity*, bien garnis de sucre, qui manquent d'acidité et de texture, que l'on trouve sur notre marché ! Ce rosé du Rhône méridional est mis en bouteille par la famille Gassier qui façonne la vigne avec amour, passion et conviction en culture bio, donc sans le moindre pesticide, herbicide ou engrais chimique. D'ailleurs, en scrutant le site de la SAQ, vous trouverez d'autres cuvées du Château de Nages. Aucun produit de ce domaine, situé tout près de la ville de Nîmes, ne m'a laissé sur ma soif à ce jour.

Sa coloration rose saumonée est très attirante. Le nez aux effluves d'eau de Cologne, de rose fanée et de petits fruits rouges est fort charmant. On aime l'attaque en bouche, qui est sphérique, enveloppante et huileuse. C'est tendre, onctueux, tout en texture, gras et de bon volume. Il est complètement sec (moins de 1,5 à 2 grammes de sucre résiduel par litre) et pourra aussi bien être servi en guise d'apéro qu'à table sur des entrées froides et même sur certains plats plus consistants. Pour cinq huards de plus, la SAQ nous propose des arrivages sporadiques de ce même rosé, mais issu de vieilles vignes. Un flacon à 20 $, tout simplement exquis, qui n'est pas seulement réservé aux mois d'avril et de mai !

ROSÉ

DANS LA MÊME LIGNÉE :

Roseline Prestige

Château Sainte Roseline 2016

CODE SAQ : 00534768

PRIX : 14,65 $

3 760022 532114

Charles & Charles Trinchero 2016

16,60 $

ORIGINE
Vallée de Columbia- État de Washington - États-Unis

CÉPAGES
Cabernet sauvignon - mourvèdre - syrah

À SERVIR À
10-11 °C

CARAFE
-

À BOIRE AVANT
2018-2019

SUCRE ET ALCOOL
3,5 g/l et 12,8 %

CODE SAQ
13189017

ACCORDS
Une entrée d'antipasti géante sur une belle planche de bois et ce rosé américain sauront démarrer la fête ! Jambon, olives, feuilles de basilic, salade de pois chiches, artichauts grillés, poivrons multicolores… Les tomates fraîches, les poissons, la salade de betteraves, la longe de porc cuisson rosé feront également honneur à son panache !

En compagnie des organisateurs du très couru salon des vins de Saint-Léonard-d'Aston.

FLEURS DE POMMIER, CASSIS ET ROSE FANÉE.

La star-vigneron Charles Smith signe une quinzaine de cuvées sur notre marché. De tous les produits que nous avons goûtés de ce domaine situé dans l'État de Washington, c'est assurément ce charmant et aguicheur rosé qui nous a séduits le plus. C'était la toute première fois que nous «testions» cet assemblage des USA, et une très belle surprise nous attendait ! Le vin a du corps, de la texture, une belle amplitude en bouche et un gras suffisant pour élaborer de savantes harmonies à table.

Si on le compare à son frangin plus connu, le riesling Kung Fu Girl à 18,75 $ (qui s'est fait des tonnes de disciples aux quatre coins de la Belle Province depuis quatre ou cinq ans !), ce rosé est sec (entre 3 et 3,5 grammes de sucre résiduel), alors que le riesling en contient 17 grammes par litre. Ce n'est donc vraiment pas le même genre de produit. Sa coloration est pâle et présente des reflets saumonés, et son nez est assez discret, composé de fleurs de pommier, de cassis, de rose fanée… On aime son gras, sa texture ample en bouche. Pour bien en profiter, ne le servez pas trop froid ; sortez-le du frigo une bonne demi-heure avant de le déguster. Il n'est pas d'une longueur en bouche à ne plus finir, mais rien ne cloche et c'est plus que satisfaisant pour le prix qu'on en demande. Notez qu'en fouillant sur les tablettes du monopole, vous trouverez d'autres bons produits de l'État de Washington. Je vous recommande ceux de L'Ecole N° 41, d'Andrew Will, de Betz ou de Hedges.

DANS LA MÊME LIGNÉE :
Côte des Roses
Gérard Bertrand 2016
CODE SAQ : 12521962
PRIX : 18,35 $

3 514120 107107

Château La Lieue 2016

17,45 $

ORIGINE
Coteaux Varois en Provence - Provence - France

CÉPAGES
Cinsault - grenache

À SERVIR À
10-11 °C

CARAFE
-

À BOIRE AVANT
2019-2020

SUCRE ET ALCOOL
1,6 g/l et 13 %

CODE SAQ
11687021

ACCORDS
Servez-lui un pâté au poulet, une entrée de saumon fumé, une salade tomate-concombre-poivron-olive, une soupe froide de style gaspacho… Oh ! que oui ! Dans l'ordre ou dans le désordre, les amis !

DU VELOURS POUR LE PALAIS.

Messieurs, vous ne trouvez pas ça viril, boire du rosé ? Vous croyez que c'est un petit vin de soif, mince, insipide, simple et sans vertus ? Il vous faudrait tirer le bouchon de celui-ci pour vous convaincre du contraire ! Ou même de ceux de Régine Sumeire, ou de Jeanjean, ou de Gassier. Tous de top producteurs qui élaborent des vins rosés de premier plan. Si vous les aimez bien foncés, hyper-parfumés et bien garnis en sucre résiduel, n'arrêtez pas votre choix sur ceux-ci, car vous resterez totalement sur votre soif en dégustation. Ils sont tout en finesse, glissants, digestes au possible et sans la moindre trace de technologie moderne. Et ils seront aussi très polyvalents à table, autant à l'apéro qu'avec le repas.

Ce rosé est d'une couleur pâle aux reflets saumonés. Le nez est discret et passablement timide. C'est fin, floral, fort invitant, aussi séduisant et déstabilisant que le délicat parfum d'une belle dame qu'on hume pour la première fois… En bouche, rien n'accroche et c'est du véritable velours pour le palais. Il y a du gras, de l'onctuosité et une belle dose de fraîcheur. Il est bien difficile d'en boire juste un verre… C'est bio, c'est bon et pas trop dispendieux ! Le rouge du même domaine fait également belle figure dans les pages de ce bouquin.

DANS LA MÊME LIGNÉE :

S. de la Sablette

Marcel Martin 2016

CODE SAQ : 12990902

PRIX : 17,10 $

3 500610 106415

Pétale de Rose Château La Tour de l'Évèque 2016

19,10 $

ORIGINE
Côtes de Provence - Provence - France

CÉPAGES
Cinsault - grenache - syrah – ugni blanc - mourvèdre - sémillon - rolle - cabernet sauvignon

À SERVIR À
10-11 °C

CARAFE
-

À BOIRE AVANT
2020-2021

SUCRE ET ALCOOL
1,6 g/l et 13,5 %

CODE SAQ
00425496

ACCORDS
Misez sur une symbiose régionale en lui servant une salade niçoise. Œufs durs, poivrons, olives noires, thon, huile d'olive, tomates, anchois… Une fort belle balade en terroir provençal !

EAU DE ROSE, FRAISES DES CHAMPS, BOUQUET DE FLEURS.

Je serais bien curieux de connaître le nombre de mamans, grands-mamans et belles-mamans qui ont reçu en cadeau ce célèbre Pétale de Rose ces dernières années au Québec… Ce best-seller, fort apprécié chez nous depuis longtemps, est disponible à longueur d'année. Je ne me souviens pas non plus d'un millésime de ce charmant rosé qui ait manqué de «punch»: il est toujours à la hauteur et on peut l'acheter les yeux fermés tellement il est fiable et constant. Brunch familial, 5 à 7 sur la terrasse, petite randonnée en bateau sur le lac, pique-nique dans une forêt… C'est un véritable rosé «tout-terrain»!

La «chair et la soif» sont réunies sous le bouchon! Le produit est délicatement parfumé et nous embaume l'organe nasal d'effluves d'eau de rose, de fraises des champs, de bouquet de fleurs… Mais c'est assurément au gustatif qu'il déploie tout son charme! Il est sphérique, huileux, gras, élancé et fort élégant. Ses courbes sont caressantes au plus haut point pour le palais, et la finale est tout en fraîcheur. Une bouteille qui se hisse encore et toujours dans les meilleurs rosés disponibles sous la barre des 20$, toutes tablettes confondues! C'est bon, très bon, et en plus, il peut faire une sieste d'encore 3-4 ans en cave.

DANS LA MÊME LIGNÉE:
Esprit Gassier
Gassier
CODE SAQ: 13204782
PRIX: 20,95$

3 604894 752426

8 032790 761306

Coste delle Plaie Podere Castorani 2015

20,90 $

ORIGINE
Cerasuolo d'Abruzzo - Abruzzes - Italie

CÉPAGE
Montepulciano

À SERVIR À
11-12 °C

CARAFE
-

À BOIRE AVANT
2019-2020

SUCRE ET ALCOOL
5,6 g/l et 13 %

CODE SAQ
11904355

ACCORDS
Vous pourrez miser autant sur une pièce de thon que sur des sushis, du saumon ou un classique duo de tomates et bocconcini à l'huile d'olive et au basilic. Il est tout en fraîcheur, alors offrez-lui un plat qui l'est tout autant !

AMPLE ET CARESSANT.

Beaucoup de gens ne veulent pas dépasser la barre des 20$ pour une bouteille de rosé. On n'a aucun problème à débourser 25-30$ pour une belle quille de blanc ou de rouge le week-end, mais, pour le rosé, on a souvent une barrière psychologique. Comme si ce type de vin ne pouvait pas nous offrir le «petit plus» qu'on attend d'un vin plus dispendieux… Prouvez le contraire à vos papilles en achetant le tavel du Domaine de la Mordorée, le bandol du Château de Pibarnon, le côtes-de-provence du Château d'Esclans ou du Château de Miraval, mais également celui que je présente ici, qui est élaboré sur la côte est italienne. Tous des rosés à plus de 20-25$, qui feront taire les nombreux préjugés discriminatoires que l'on entend encore trop souvent sur ces vins. J'aime les rosés, les bons rosés! Ce sont de véritables caméléons à table, ils appellent souvent le début des belles journées chaudes et ensoleillées, et ils sont synonymes de fête!

Le liquide de ce flacon des Abruzzes offre une coloration aux reflets saumonés assez foncés. Le fin, délicat et élégant nez de fraise des champs est vachement aguicheur. Au gustatif, le vin est ample, caressant, et ses courbes sont élancées sans être particulièrement séduisantes. Ne faites surtout pas l'erreur de le servir froid, car vous ne profiteriez point de ses charmants parfums, et la bouche vous semblerait assez mince. Ce n'est pas vraiment le meilleur produit tranquillo à l'apéro; il aura davantage sa place à table avec des entrées ou même certains plats de résistance.

ROSÉ

DANS LA MÊME LIGNÉE:
Vin Gris de Cigare
Bonny Doon
CODE SAQ: 10262979
PRIX: 22,75$
0 769434 104271

Crama Regală Vinaria din Vale 2015

6,15 $

ORIGINE
Moldavie

CÉPAGE
Sauvignon blanc

À SERVIR À
8-9 °C

CARAFE
-

À BOIRE AVANT
2018-2019

SUCRE ET ALCOOL
1,6 g/l et 11,5 %

CODE SAQ
13182018

ACCORDS
Jouez la carte de la simplicité en l'accompagnant d'une petite assiette d'olives et de noix, de fromages, de crudités, d'une salade du jardin ou d'un plat en pâte feuilletée.

4 841346 000929

LE VIN LE MOINS CHER DE LA SAQ !

Vous avez bien lu, les amis : voici un vin blanc disponible à la SAQ et qui ne coûte que 6 $. C'est sûrement la bouteille de 750 ml la moins dispendieuse de l'histoire du monopole. Ce vin est issu de la production d'un domaine familial qui possède pas moins de 1000 hectares de vignes répartis dans trois zones viticoles en Moldavie, petit pays d'Europe de l'Est entouré par la Roumanie et l'Ukraine.

Le produit est arrivé au Québec au début de janvier 2017 et en trois petites semaines on a vendu les 120 000 bouteilles… Le best-seller est rapidement devenu un produit régulier sur le répertoire de la SAQ et l'on pourra désormais l'acheter tout au long de l'année. Ce blanc fait un candide pied de nez à de douteux pinards qui coûtent le double ! Son nez est assez discret, mais j'aime mieux un vin timide qu'un autre qui sent la crème solaire, le caramel, la noix de coco, le sapin sent-bon à la vanille ou le copeau de bois me rappelant la cage de mon premier hamster ! Avec moins de deux grammes de sucre par litre, il est fort digeste, et en le servant passablement frais vous serez assez surpris par la qualité de son fruit. Un voyage en Moldavie en classe très économique !

DANS LA MÊME LIGNÉE :
Agarena de Murviedro
Murviedro
CODE SAQ : 12663101
PRIX : 8,30 $
8 410388 006884

Frontera Concha y Toro 2016

8,55 $

ORIGINE
Vallée de Cachapoal - Vallée Centrale - Chili

CÉPAGE
Chardonnay

À SERVIR À
10 °C

CARAFE
-

À BOIRE AVANT
2018-2019

SUCRE ET ALCOOL
8 g/l et 13 %

CODE SAQ
13087571

ACCORDS
Le pain, la pâte feuilletée et le fromage se marieront très bien au côté beurré du chardonnay. Alors un *grilled cheese*, un croque-monsieur, une baguette jambon-fromage ou un pâté au saumon sauront très bien lui faire honneur à table.

SÉDUIT PAR SA DOUCEUR.

J'avoue ne pas être un grand fanatique des chardonnays du Nouveau Monde parce que je les trouve souvent boisés, quelque peu pâteux, manquant fréquemment de « punch » au gustatif. Mais compte tenu de la demande mondiale pour cette très connue variété de raisin, on voit bien que le chardonnay a des admirateurs aux quatre coins du globe. Nos voisins du Sud en raffolent, et combien de fois, au cours de mes trois années de service à la défunte Auberge Hatley, des clients américains ne m'ont-ils pas demandé « *Can I get a glass of chardonnay* » ? Ne croyez pas que je les mets tous dans le même panier, car je suis fou du chablis, et à Chablis, que trouve-t-on comme cépage… ? Du chardonnay !

Celui dont on parle ici est élaboré au Chili par la très connue maison Concha y Toro. Quelle surprise nous avons eue en le goûtant ! Il est vachement surprenant pour à peine plus de 8 $! On est à cent lieues des grassouillets chardonnays bien « beurrés » et lourdauds qu'on trouve souvent dans l'hémisphère Sud. C'est simple certes, mais pas infusé aux copeaux de bois (car oui, nous en avons goûté qui sentaient carrément la cage à hamster !). Ici, le vin séduit par sa douceur, il est facile et sans vice pour une si modeste facture.

BLANC

DANS LA MÊME LIGNÉE :
Les Tours
Domaine de La Hitaire
CODE SAQ : 00567891
PRIX : 9,25 $

3 359884 180016

Torley Jászbery Hungarovin 2014

9,95 $

5 998815 733501

ORIGINE
Etyek-Budai - Hongrie

CÉPAGE
Riesling

À SERVIR À
9-10 °C

CARAFE
-

À BOIRE AVANT
2018-2019

SUCRE ET ALCOOL
5,1 g/l et 12 %

CODE SAQ
12253591

ACCORDS
Laissez tomber les huîtres, le foie gras, le caviar et les autres plats « cinq étoiles » et misez plutôt sur la simplicité pour accompagner ce produit à prix d'ami. Des chips de maïs, un guacamole, du fromage fondant ou de simples bâtonnets de poisson et leur mayonnaise à l'aneth lui conviendront fort bien.

AGRÉABLEMENT SURPRIS PAR CE BEAU PRODUIT.

Si vous cherchiez un blanc à moins de 10-12 $ pour bien abreuver de nombreux convives lors d'une réception, je vous conseillerais spontanément d'y aller avec un blanc de Gascogne, du Portugal, de la Grèce, de l'Afrique du Sud… Mais un riesling hongrois ! Pourquoi ? C'est simple : parce qu'il faut mettre la main assez profondément dans sa poche pour se procurer un « pas pire » riesling et que les cuvées hongroises à petit prix sont quasi inexistantes sur notre marché. Vous aurez deviné qu'on a fait le saut en ciboulot en goûtant ce blanc d'Europe de l'Est dont le prix ne dépasse pas 10 $! Il ne faut quand même pas s'attendre à autant de dimension, de profondeur et d'élégance qu'on en trouve dans un étincelant riesling germanique, dans un divin grand cru alsacien ou même dans une cuvée ontarienne issue de vieilles vignes de cette noble variété de raisin, mais, honnêtement, celui-ci est plus que recommandable et surtout fort plaisant en dégustation.

Ce n'est certainement pas lui qui fait « le plus de bruit » sur le plan aromatique, mais en prenant le temps de bien le sentir, vous percevrez des parfums de zeste de citron et de délicates notes florales. À ce prix, on s'attendrait à un blanc d'entrée de gamme, sans âme et bourré de sucre, mais ce n'est pas le cas et le vin affiche un petit 5 grammes de sucre par litre seulement. C'est frais, simple, facile, honnête, et meilleur que bien des blancs qui coûtent 5-6 $ de plus la bouteille. Il est élaboré par Hungarovin, le producteur qui signe le mousseux Hungaria Grande Cuvée Brut. Et si vous ne toucherez pas le ciel de la Hongrie à chaque gorgée, vous devriez tout de même être agréablement surpris par ce beau produit.

DANS LA MÊME LIGNÉE :
Chenin Blanc
Robertson Winery
CODE SAQ : 10754228
PRIX : 9,30 $

0 746925 000977

Les Petits Carreaux UCCOAR

10,05 $

ORIGINE
Pays d'Oc - Languedoc-Roussillon - France

CÉPAGE
Viognier

À SERVIR À
8-9 °C

CARAFE
-

À BOIRE AVANT
2018-2019

SUCRE ET ALCOOL
2 g/l et 12,5 %

CODE SAQ
12699040

ACCORDS
Les sandwichs avec ou sans croûtes d'un *shower* de bébé n'auront jamais eu si bon goût si vous les accompagnez de cet efficace et sans fausse note vin blanc du Pays d'Oc, merveilleux pour vos buffets froids.

PAS CHER ET PLAISANT, POINT !

Si vous me mettiez au défi de vous dénicher une dizaine de vins rouges satisfaisants à moins de 10-11 $, je vous répondrais sans prétention que je relèverais probablement le challenge en moins de deux ! Par contre, si vous me demandiez de faire le même exercice avec des vins blancs, je ferais moins le malin…
Au départ, il y a près de trois fois plus de rouges que de blancs dans le répertoire de la SAQ. En plus, on doit généralement mettre la main dans sa poche un peu plus profondément pour avoir un bon blanc, ce qui est moins vrai pour un bon rouge.
Dégusté pour la première fois au printemps 2017, ce 100 % viognier à seulement 10 $ nous a agréablement surpris. Ce blanc du sud de la France est floral, fruité, simple, facile, accessible et goûteux. Contrairement à certains viogniers, celui-ci n'est ni trop exubérant ni hyper-parfumé. Fleurs blanches, eau de Cologne, pêche bien mûre… Avec ses deux grammes de sucre par litre, il est aussi bien sec. Un vin caméléon, un bon passe-partout pour un petit verre de semaine ou pour des réceptions. Pas cher et plaisant, point !

DANS LA MÊME LIGNÉE :
Les 3 Grappes Blanches
Domaine Laroche
CODE SAQ : 10324615
PRIX : 12,30 $

3 546680 019149

3 359884 180054

Chardonnay Domaine La Hitaire 2015

10,20 $

ORIGINE
Côtes de Gascogne - Sud-Ouest - France

CÉPAGE
Chardonnay

À SERVIR À
10-11 °C

CARAFE
-

À BOIRE AVANT
2018-2019

SUCRE ET ALCOOL
3,3 g/l et 12 %

CODE SAQ
12699031

ACCORDS
Vos burgers au poulet ou au saumon et leur mayonnaise maison à l'aneth ou à la lime escorteront fort bien ce vin blanc issu du pays des trois mousquetaires.

SIMPLICITÉ, FRAÎCHEUR ET DIGESTIBILITÉ.

S'il y a un cépage blanc qui est en tête de liste des variétés les plus demandées dans le monde, c'est bien le chardonnay. Cultivé aux quatre coins de la planète vin, il est capable du meilleur comme du pire. Il est parfois droit, franc, net et tendu, mais parfois pâteux, très boisé, lourdaud et hyper-crémeux en bouche. Il est à la base de certains des plus grands vins blancs, toutes zones viticoles confondues. On peut penser à ceux de Chablis, au blanc de blancs champenois, à de nombreux blancs du formidable Jura ou de la Côte de Beaune en sol bourguignon. C'est un merveilleux cépage s'il est bien travaillé, mais aussi, et surtout, s'il est planté dans un terroir propice à sa production. En voici un tout à fait recommandable, qui vient de la Gascogne.

On aime ses discrets 12 % d'alcool, son profil vachement épuré et sa caressante texture gustative. Aucune trace de bois ou de sucre n'est détectable. On peut y humer de fins et délicats parfums de fleurs et de fruits à chair blanche. Simplicité, fraîcheur et digestibilité le décrivent à merveille. Dur dur de dénicher un meilleur blanc à 10 $ sur les tablettes!

DANS LA MÊME LIGNÉE:

Coroa d'Ouro

Poças

CODE SAQ: 00412338

PRIX: 12,45 $

5 601085 900060

Classic Château du Tariquet 2015

11,55 $

ORIGINE
Côtes de Gascogne - Sud-Ouest - France

CÉPAGES
Ugni blanc - colombard - sauvignon blanc - gros manseng

À SERVIR À
9-10 °C

CARAFE
-

À BOIRE AVANT
2018-2019

SUCRE ET ALCOOL
5,6 g/l et 10,5 %

CODE SAQ
00521518

ACCORDS
Une couronne de crevettes, une assiette de crudités, une entrée de saumon fumé ou des brochettes de poulet citronnées et ce blanc sauront égayer vos papilles et mettre du soleil lors d'un après-midi d'été.

ENVOÛTANTES SAVEURS DE POMME VERTE ET DE LIME.

On entend souvent les expressions «vin de terrasse», «vin d'apéro», «vin d'été», «vin de piscine». Vous demandez-vous à quel type de produit on fait référence? Vous n'avez qu'à acheter une bouteille de ce blanc gascon pour en avoir un très bon exemple! Il s'agit d'un vin alliant fraîcheur, digestibilité, netteté, énergie, «buvabilité», tension, droiture, pureté... Si vous ne faites pas l'erreur de l'oublier dans le seau à glace pendant une heure et de le servir aux frigorifiques 3-4 °C, vous profiterez de ses parfums d'iode, de coquille d'huître et de zeste d'agrume. On pourrait aussi parler de ses envoûtantes saveurs de pomme verte et de lime.

Cet assemblage de quatre cépages s'avère excitant et bien vigoureux au gustatif. On aime ses sages et discrets 10,5 % d'alcool qui ne vous assommeront pas après un ou deux verres sur une terrasse ensoleillée. La famille Grassa, qui possède le Domaine du Tariquet et le Domaine La Hitaire, met d'autres cuvées en bouteille. Des blancs impeccables ainsi que des armagnacs qui charmeront les fins connaisseurs d'eaux-de-vie.

DANS LA MÊME LIGNÉE:
Chaminé
Cortes de Cima
CODE SAQ: 11156238
PRIX: 12,65 $

5 603790 004200

Planalto Reserva Casa Ferreirinha 2015

11,55 $

ORIGINE
Douro - Portugal

CÉPAGES
Viosinho - codega - gouveio - malvasia fina

À SERVIR À
10-11 °C

CARAFE
-

À BOIRE AVANT
2018-2019

SUCRE ET ALCOOL
1,6 g/l et 12,5 %

CODE SAQ
13189594

ACCORDS
Des chips de maïs croustillantes et un guacamole maison pourraient faire un «pas pire *match*» avec ce sympathique, vigoureux et énergique blanc ibérique. Il ne serait pas trop gênant non plus sur un poulet au beurre et son riz au safran.

VOUS EN DEMANDEREZ UN SECOND VERRE.

Si vous n'avez pas trop d'espérances, ce blanc du Portugal septentrional devrait vous surprendre agréablement. Vous auriez dû voir la tête que j'ai faite lorsque Mathieu m'a dévoilé le prix de la bouteille après que je l'eus goûtée ! Je croyais sincèrement être en présence d'une quille valant 16-17 $. Vous me direz que j'étais loin de la *track* en ciboulot (et vous auriez raison !), car celle-ci coûte seulement 11 $ et des gouttelettes. Dans le passé, j'avais dégusté des rouges de Casa Ferreirinha, mais jamais de blanc. On dit souvent qu'on élabore de magnifiques vins mutés (les portos) et de délicieux vins rouges dans le Douro, mais après avoir goûté quelques blancs de cette superbe région, vous verrez qu'ils peuvent aussi être épatants.

Celui-ci n'a ni la grâce ni le côté racé ou l'élégance d'un grand cru, mais si on se laisse prendre au jeu, on est séduit au point d'en demander un second verre. Déroutez donc vos papilles et celles de vos amis en leur versant un verre de ce blanc fait de plusieurs cépages autochtones assez méconnus du grand public. Complètement sec, sans artifice et sans grande longueur en bouche, le vin est bon, vrai, et n'a pas la prétention de tenir de grandes promesses.

DANS LA MÊME LIGNÉE :

Furmint

Château Pajzos

CODE SAQ : 00860668

PRIX : 13,45 $

5 998830 730431

Fuenteseca Ecovitis 2016

11,85 $

ORIGINE
Utiel-Requena - Valence - Espagne

CÉPAGES
Macabeo - sauvignon blanc

À SERVIR À
9-10 °C

CARAFE
-

À BOIRE AVANT
2018-2019

SUCRE ET ALCOOL
1,5 g/l et 12 %

CODE SAQ
12681131

ACCORDS
La vinaigrette à salade ne fait pas très bon ménage à table avec le vin. Par contre, si vous touillez votre salade avec un simple filet d'huile d'olive et quelques gouttes de vieux vinaigre balsamique et de jus de citron, ça sera pas mal avec ce très recommandable blanc espagnol. Vous pouvez aussi tout simplement le jumeler à un filet de poisson blanc au beurre citronné.

8 436017 631609

UN PETIT QUELQUE CHOSE D'EXOTIQUE.

Quand on pense à la région de Valence, on pense aux vins rouges goûteux et imprégnants issus de raisins qui ont su profiter des milliers d'heures d'ensoleillement au cœur de cette zone viticole. Je parle ici du cabernet sauvignon, du grenache, du tempranillo, du mourvèdre, de la syrah… Par contre, il ne faut pas oublier qu'on y élabore aussi des blancs fort surprenants. Ceux-ci sont habituellement faits de sauvignon blanc, de verdejo, de malvoisie, de muscat, de viura. Sauf de très rares exceptions, il s'agit de vins blancs bien secs. L'assemblage de macabeo (viura) et de sauvignon que je vous présente ici s'avère un bien beau coup de cœur, et ce, pour un prix quasiment ridicule. En plus d'être fort plaisante, la bouteille, une fois ouverte, pourra flâner dans la porte du frigo une bonne dizaine de jours sans trop subir d'oxydation. Il sera donc impeccable pour le restaurateur qui cherche un blanc simple mais sans vice à servir au verre le midi dans son établissement.

On prend plaisir à sentir son nez de lime verte, d'écorce de citron, de vinaigrette yuzu… Même s'il n'est pas d'une très grande profondeur, le produit possède un gustatif tonique, nerveux, mordant, et un «petit quelque chose» d'exotique qui lui confère un charme indéniable. Parfait pour un après-midi sous le soleil, en pique-niquant dans un parc, en tête-à-tête, mais également lors du brunch du dimanche. Un très honnête blanc de la côte est ibérique, issu d'une culture bio, fort agréable en dégustation.

BLANC

DANS LA MÊME LIGNÉE :
Sauvignon
Domaine du Tariquet
CODE SAQ : 00484139
PRIX : 13,55 $

3 359880 123314

8 002645 651069

Chardonnay Giuseppe Campagnola 2016

12,25 $

ORIGINE
Vénétie - Italie

CÉPAGE
Chardonnay

À SERVIR À
9-10 °C

CARAFE
-

À BOIRE AVANT
2018-2019

SUCRE ET ALCOOL
7 g/l et 12,5 %

CODE SAQ
12382851

ACCORDS
Des lanières de poulet, des croquettes de poisson, une fondue au fromage, une chaudrée de palourdes… ? Oui, exactement, toutes ces réponses, car il s'agencera très bien avec toutes les sauces à base de crème !

UNE BONNE CUVÉE À PETIT PRIX.

Nous ne dégustons pas les vins de ce livre à l'anonyme. Chaque fois que nous procédons à une analyse organoleptique d'un produit, nous savons d'où il est issu, nous connaissons son millésime, son producteur, le ou les cépages présents dans la cuvée. Par contre, nous ne vérifions pas toujours le prix sur le site de la SAQ avant de le décortiquer. Donc, après l'avoir goûté, nous nous amusons à en deviner le prix. Nous sommes habituellement plutôt dans le mille, parce que nous en avons l'habitude (nous en décortiquons plus de 2000 annuellement !), mais il nous arrive d'être solidement dans le champ. Ce fut le cas avec ce chardonnay du nord de l'Italie. J'ai cru être en présence d'un blanc à 17-18 $, alors qu'il coûte seulement 12,25 $… Un peu dur pour l'ego, d'accord, mais heureux en même temps d'avoir trouvé une si bonne cuvée à si petit prix.

Vous souvenez-vous des bonbons jaunes à saveur de banane qu'on mangeait gamins ? Ce blanc possède des arômes similaires à ces gâteries de notre enfance. L'anis, le croissant en cuisson et la pâte d'amande sont aussi présents à l'olfactif. Sans avoir une complexité gustative phénoménale, le produit est gras et de bonne tenue. Ça reste dans l'ensemble un vin simple, sans vice et fort agréable. Et je vais le dire, au risque de me faire lancer des tomates… Il pourrait coûter un peu plus cher !

DANS LA MÊME LIGNÉE :
Campogrande Santa Cristina
Marchesi Antinori
CODE SAQ : 00018838
PRIX : 13,50 $

8 001935 323204

Paranga Kir-Yianni 2016

13,30 $

ORIGINE
Florina - Macédoine - Grèce

CÉPAGES
Roditis - malagousia

À SERVIR À
9-10 °C

CARAFE
-

À BOIRE AVANT
2018-2019

SUCRE ET ALCOOL
1,2 g/l et 12 %

CODE SAQ
13190190

ACCORDS
C'est la belle saison et vous cherchez un bon candidat pour bien accompagner les huîtres fraîches, les moules à la marinière, les couteaux des îles de la Madeleine ou d'autres fruits de mer en coquillage. Ne cherchez plus « en vin » et faites confiance à ce blanc-bec grec !

5 203888 160100

UN BLANC RAFRAÎCHISSANT ET EXCITANT.

Je dis souvent que le vin, c'est la découverte, et qu'il faut parfois sortir de sa zone de confort en buvant autre chose que des valeurs sûres. Trop souvent, les gens qui s'y connaissent moins en vin vont acheter la même bouteille semaine après semaine, pour être sûrs de ne pas se river le nez sur un produit qui manque de punch, ce qui est tout à fait normal. Il y a près de 10000 vins différents à la SAQ (et encore plus si l'on tient compte des importations privées !), alors le commun des mortels, qui essaie de dénicher une bonne fiole, peut se sentir un peu intimidé devant une sélection si vaste. Cela dit, je vous invite à essayer autre chose que votre classique et très connu sauvignon blanc ou que ce chardonnay qui est déjà passé 20 ou 30 fois dans votre coupe. Pour ce faire, mettez donc la main sur ce déroutant et déstabilisant vin blanc du nord de la Grèce, fait de roditis et de malagousia.

Si vous désirez savoir ce qu'est un blanc rafraîchissant et excitant, sautez sur cette bouteille, les amis ! Il est frais, citronné, crayeux, minéral, expressif à souhait, rassasiant, et d'une efficacité exemplaire à table comme à l'apéro ! C'est pur, droit, franc, complètement sec et vibrant en bouche. C'est diablement bon !

DANS LA MÊME LIGNÉE :

Chenin blanc

Tussock Jumper

CODE SAQ : 13190886

PRIX : 13,30 $

0 763955 050000

Genolí Viña Ijalba 2016

13,90 $

ORIGINE
Rioja - Espagne

CÉPAGE
Viura

À SERVIR À
8-9 °C

CARAFE
-

À BOIRE AVANT
2019-2020

SUCRE ET ALCOOL
1,7 g/l et 13 %

CODE SAQ
00883033

ACCORDS
Une assiette de fettuccine Alfredo au poulet ou aux fruits de mer formera une fort agréable union avec cette bouteille de la Rioja. La texture onctueuse et crémeuse de la sauce Alfredo et le gras du vin seront de bonne connivence à table.

DIABLE QU'IL EST BON !

Comme ce blanc de la Rioja avait été un fier représentant du Top Vins dans l'édition précédente de cet annuel bouquin du vin, nous nous étions promis de ne pas le mentionner encore cette année. Il faut bien se renouveler, car, dans la vie, on ne devrait jamais être acquis, mais toujours conquis ! Par contre, moins de deux minutes après son ouverture, nous avons flanché et changé d'idée… Diable qu'il est bon, ce blanc ibérique exclusivement fait de viura (cépage baptisé « macabeo » ou « macabeu » dans le sud de la France) ! Même son de cloche pour le Rioja rouge Reserva du millésime 2012, aussi vanté dans notre guide cette année.

C'est tout simplement « la totale », ce produit ! Une coloration jaune doré invitante, un olfactif hyper-séduisant ainsi qu'une bouche ronde et caressante. Les parfums de pâte d'amande, de poire chaude, de pot-pourri et de fleurs blanches sont de la partie. Peu d'alcool, pas de sucre résiduel, pas de bois… Juste une fraîcheur ainsi qu'une « glougloubilité » exquise ! Alors, oui, les amis, ENCORE cette année, sautez sur cette emplette quasi sans rivale ! #impeccable #justetropbon #superbeaubaine

DANS LA MÊME LIGNÉE :
Fumé Blanc
Errazuriz
CODE SAQ : 00541250
PRIX : 13,55 $

7 804304 104715

3 176780 036427

Chenin blanc Marcel Martin 2015

14,55 $

ORIGINE
Saumur - Loire - France

CÉPAGE
Chenin blanc

À SERVIR À
10-11 °C

CARAFE
-

À BOIRE AVANT
2019-2020

SUCRE ET ALCOOL
3,1 g/l et 13 %

CODE SAQ
13188794

ACCORDS
Une entrée de bâtonnets de fromage parmesan, une fondue au fromage, une pizza aux quatre fromages ou tout simplement une assiette de fromages assortis... Vous aurez compris qu'avec ce mot magique, « fromage », le tour est joué, les amis !

UNE BELLE DÉCOUVERTE.

Parmi les cépages blancs qui font d'agréables harmonisations avec les fromages, on peut citer le riesling, le chardonnay, le grenache blanc, la roussanne, la marsanne et, bien sûr, le fantastique chenin, aussi appelé chenin blanc ou pineau de la Loire. Il s'agit d'une variété de raisin qui passe fort bien à table sur de nombreux poissons, sur du poulet, des fruits de mer, des salades, des sushis. Il offre habituellement une acidité franche, de la texture en bouche et des parfums de cire chaude, de miel et de poire. Le seul problème avec ce grand cépage est qu'on le rencontre dans peu de terroirs à travers le monde. Il est principalement planté en Afrique du Sud et dans la vallée de la Loire. Si vous voyez des vins blancs en appellations Vouvray, Saumur, Savennières ou Montlouis, sachez qu'ils sont issus de chenin. Ce cépage est à la base de superbes cuvées sans sucre, mais également de vins moelleux et liquoreux à couper le souffle. Il en existe des plus simples et plus modestes à petit prix ; en voici justement un pour vous !

Ses arômes de craie à tableau me rappellent mon école secondaire en Estrie ! Sans avoir la dimension et la précision d'une électrisante Coulée de Serrant de Nicolas Joly, le vin est agréable, passablement long en bouche et sans sucre (un maigrichon trois grammes résiduels par litre, trois fois rien, quoi !). Une belle découverte, et j'irai même jusqu'à affirmer qu'il s'agit du plus satisfaisant chenin blanc à moins de 15 $ que j'ai goûté à ce jour.

BLANC

DANS LA MÊME LIGNÉE :
Pian di Rèmole
Marchesi de Frescobaldi
CODE SAQ : 12382552
PRIX : 14,55 $

8 007425 001751

5 999509 772028

Irsai Oliver Nyakas 2016

14,55 $

ORIGINE
Etyek-Buda - Hongrie

CÉPAGE
Irsay oliver

À SERVIR À
8-9 °C

CARAFE
-

À BOIRE AVANT
2018-2019

SUCRE ET ALCOOL
3,3 g/l et 12 %

CODE SAQ
11200497

ACCORDS
Une poêlée d'asperges vertes sautées à l'ail et gratinées au fromage parmesan lui conviendrait très bien. Il accompagnera également une salade du chef ou une salade du jardin pour la similarité de fraicheur.

EXOTIQUE, EXPRESSIF, AGRÉABLEMENT PARFUMÉ.

Nous avons tous un fin finaud dans notre entourage… Vous savez, le genre qui a réponse à tout et qui a tout vu, tout lu, tout aperçu et bien sûr… tout BU ! Le cas échéant, je vous conseille de lui servir ce petit hongrois à l'anonymat. Vous devriez le dérouter, et pas à peu près ! Demandez-lui d'où vient ce produit et de quel cépage il est fait… Je serais prêt à gager un petit 2 $ qu'il ne devinera jamais. À moins qu'il n'ait un nez bionique ou qu'il n'ait lu le *Lapeyrie 2018*…

Ce blanc d'Europe de l'Est est simple, frais et fort singulier, voire déstabilisant par rapport à la plupart des vins proposés sur notre marché. Il sent les grappes de raisins fraîches et ses parfums rappellent les blancs faits de muscat. Exotique, expressif, agréablement parfumé… Il n'est pas pourvu d'une grande acidité, alors je vous recommande de le boire dans les 12 à 18 mois suivant son achat.

DANS LA MÊME LIGNÉE :
Il Brecciarolo
Velenosi
CODE SAQ : 10542647
PRIX : 14,10 $

0 666056 000090

7 791728 000900

Série A Zuccardi 2015

14,55 $

ORIGINE
Vallée de l'Uco - Mendoza - Argentine

CÉPAGES
Chardonnay - viognier

À SERVIR À
10-11 °C

CARAFE
-

À BOIRE AVANT
2019

SUCRE ET ALCOOL
1,5 g/l et 14 %

CODE SAQ
00516443

ACCORDS
Jumelez ce vin blanc sud-américain avec un wrap de lanières de poulet grillées, un pad-thaï de crevettes ou un chop-suey bien garni de légumes croquants et vous serez convaincu par le parfum et l'expression aromatique du viognier.

PARMI LES MEILLEURS BLANCS À MOINS DE 15$.

Pendant environ une demi-décennie, un vin rouge argentin a fait littéralement fureur à la SAQ. Au cours des années 2000, tout près de 300 000 caisses du fameux Fuzion se vendaient chaque année. Ce best-seller d'une dizaine de dollars, fait de shiraz et de malbec, s'était fait des milliers de disciples et a été le produit le plus vendu au Québec pendant cinq «millésimes» consécutifs. La famille Zuccardi, qui est derrière cette bouteille, est de souche italienne, mais s'est installée dans la région de Mendoza il y a fort longtemps. En plus de vinifier du Fuzion à petit prix, la maison offre sur notre marché une gamme de 9 à 119$. Je vous propose ici de goûter un fort joli et hyper-séduisant blanc fait de chardonnay, qui lui apporte sa texture grasse et huileuse, et de viognier, qui lui confère d'invitants parfums exotiques. Rien d'exubérant, de massif, de sucré ou d'hyper-boisé. À ce prix, il peut fièrement se gonfler le *chest* et se hisser aisément dans la liste des meilleurs blancs à moins de 15$ à la SAQ.

BLANC

DANS LA MÊME LIGNÉE :

La Segreta

Planeta

CODE SAQ : 00741264

PRIX : 15,55$

8 020735 001006

Sauvignon blanc Brancott Estate 2016

14,65 $

9 414024 667926

ORIGINE
Marlborough - Nouvelle-Zélande

CÉPAGE
Sauvignon blanc

À SERVIR À
8-9 °C

CARAFE
-

À BOIRE AVANT
2018-2019

SUCRE ET ALCOOL
3,6 g/l et 12,8 %

CODE SAQ
12989696

ACCORDS
Une vitaminée assiette de crudités et sa trempette à la ciboulette, à la lime ou au basilic lui conviendront très bien. Vous pourriez aussi y aller en toute simplicité avec une salade du jardin et une vinaigrette parfumée au citron.

UN BRIN HERBACÉ, ÉPURÉ ET SANS DÉFAUT.

Le sauvignon blanc est le cépage le plus planté de ce magnifique pays qu'est la Nouvelle-Zélande. Dans la région viticole de Marlborough (dans le nord de l'île du Sud), on trouve des milliers de parcelles de cette très connue et très appréciée variété de raisin. C'est un cépage précoce, pas compliqué à vinifier, qui plaît à de nombreuses papilles aux quatre coins du globe. En plus du sauvignon, on trouve énormément de chardonnay et de pinot noir au pays du vent, de l'agneau et du kiwi (pas le fruit, mais bien l'oiseau terrestre qui ne peut pas voler). Même si la Nouvelle-Zélande fait partie du même continent que l'Australie, l'Océanie, ces deux pays élaborent des vins bien différents…

Soyons honnête, ce jeune, tonique, nerveux et pimpant sauvignon blanc n'est pas à comparer avec un cru de Sancerre, des Graves ou de Pouilly-Fumé, mais à moins de 15 douilles il est impeccable. Il est un brin herbacé, bien net, épuré et sans défaut au final. Gazon fraîchement coupé, zeste de citron, pomme verte, lime, pépin de pomme… Bien sec et tout simplement meilleur que certains de ses collègues du même pays coûtant de 18 à 20$ la bouteille ! Cela dit, ne l'oubliez pas plus d'un an dans votre réserve, sinon il serait quelque peu à bout de souffle à son ouverture…

DANS LA MÊME LIGNÉE :
La Java des Grandes Espérances
Domaine des grandes espérances
CODE SAQ : 13087547
PRIX : 15,30$

3 289850 063176

Viognier Domaine Les Salices 2015

14,65 $

ORIGINE
Pays d'Oc - Languedoc-Roussillon - France

CÉPAGE
Viognier

À SERVIR À
10-11 °C

CARAFE
-

À BOIRE AVANT
2018-2019

SUCRE ET ALCOOL
2,0 g/l et 13 %

CODE SAQ
10265061

ACCORDS
Votre prochain tête-à-tête romantique en mangeant dans les petites boîtes chinoises (vous savez, comme dans les films d'amour américains !) sera fort réussi si vous y mêlez cet envoûtant vin blanc méditerranéen teinté de belles notes de fruits exotiques. N'oubliez pas les chandelles et la roucoulante voix de Diana Krall dans votre caisse de son...

PARFUMÉ, EXPRESSIF, CHARMANT ET AGUICHEUR !

Si vous ne connaissez pas le cépage viognier, sachez qu'il vous sera assez facile de tomber en amour avec un vin blanc issu de cette variété de raisin. Pourquoi ? Parce qu'il est agréablement parfumé, expressif, charmant et même aguicheur. Selon le vigneron rhodanien Philippe Guigal, ce cépage avait pratiquement disparu de la planète vin, d'ailleurs il y en avait moins de 10 hectares plantés dans les années 1970. Mais en moins d'un demi-siècle, le viognier a vu sa popularité s'accroître de façon exponentielle. On en trouve maintenant des centaines de parcelles dans le Rhône, dans le Languedoc, en Provence, mais également dans de nombreuses zones viticoles de la Californie, de l'Australie et de l'Argentine. Il a la cote, il est en grande demande, et c'est pratiquement devenu *in* et sexy de boire du viognier !

Alors, pour entreprendre du bon pied une belle soirée en tête-à-tête, mettez plutôt la main sur ce bon languedocien aux flaveurs et aux parfums exquis ! À l'instar de certains sauvignons blancs, ce vin sent la bière Heineken et même le… cannabis ! On peut parler également de notes de fruits à chair blanche telles la poire ou la pêche bien mûre. La bouche est ample, enveloppante, et propose une agréable texture. Un produit qui favorise de très belles harmonies à table.

BLANC

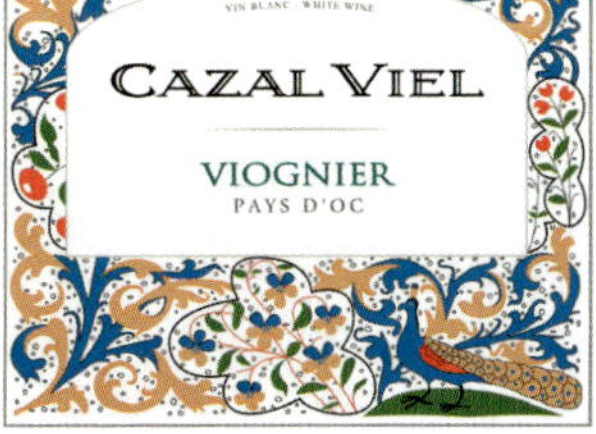

DANS LA MÊME LIGNÉE :

Viognier

Cazal Viel

CODE SAQ : 00895946

PRIX : 16,45 $

3 357780 000421

Las Brisas Naia 2014

15,10 $

ORIGINE
Rueda – Castille León - Espagne

CÉPAGES
Verdejo - viura - sauvignon blanc

À SERVIR À
9-10 °C

CARAFE
-

À BOIRE AVANT
2018-2019

SUCRE ET ALCOOL
3,3 g/l et 13 %

CODE SAQ
11903627

ACCORDS
Un vin idéal pour bien démarrer un 5 à 7 avec des bouchées apéritives qui mettent en vedette des pétoncles, des crevettes, des poissons à chair blanche ou même des fromages !

EFFLUVES D'AGRUMES, DE POMME VERTE ET DE GAZON.

Ceux qui me connaissent savent que les blancs abondamment boisés, sucrés, maquillés et/ou qui n'ont pas une grande acidité ne sont pas trop dans mes cordes. Je suis plutôt un amoureux de Chablis, de Sancerre, du savagnin jurassien, de vidals bien secs du Québec et de l'Ontario. Des cuvées excitantes, épurées, salivantes, énergiques, digestes, vivantes, qui ont du tonus et du mordant au gustatif. Si vous me suivez là-dedans et que c'est également votre genre de flacon, mettez la main sur ce Las Brisas de la maison Naia en plein cœur de la Castille-et-León, et vous ne serez absolument pas déçu !

S'il se retrouve dans ces pages, c'est qu'on a aimé sa droiture, sa netteté, ses effluves d'agrumes, de pomme verte et de gazon fraîchement coupé. Ici, c'est le fruit, l'acidité et la fraîcheur qui en disent long. Si je peux me permettre de le dire, l'étiquette qui habille la bouteille est très moche et peu attirante, mais une fois goûté, le contenu vous fera vite oublier le contenant… Dur dur de dénicher un vin blanc aussi franchement bon sous la barre des 15 $ sur nos tablettes. N'hésitez pas !

DANS LA MÊME LIGNÉE :
Verdejo
Hermanos Lurton
CODE SAQ : 00727198
PRIX : 15,60 $

0 635335 205020

3 149070 021830

Chenin blanc Louis Roche 2015

15,55 $

ORIGINE
Saumur - Loire - France

CÉPAGE
Chenin blanc

À SERVIR À
10-12 °C

CARAFE
-

À BOIRE AVANT
2019-2020

SUCRE ET ALCOOL
3,0 g/l et 12 %

CODE SAQ
00918243

ACCORDS
Pour mettre en valeur sa belle texture onctueuse, agencez-le avec des plats qui contiennent de la pâte à frire (bâtonnets de poisson, morue ou aiglefin) ou avec des fromages à pâte molle comme un camembert ou un Belle Crème...

MIEL DE TRÈFLE, CIRE CHAUDE ET EAU D'ÉRABLE.

Ce blanc de l'enivrante vallée de la Loire n'aura jamais eu si bon goût que cette année ! Un grand terroir (Saumur), un grand millésime (2015), un grand cépage (chenin blanc, aussi appelé « pineau de la Loire »)... Tout est là pour nous offrir un blanc charmant et fort plaisant en dégustation, et qui, en plus, ne coûte pas les yeux de la tête. Ses parfums sont délicats, fins et aguicheurs, et disons que c'est une bien bonne façon de faire ses premiers pas vers un blanc issu de cette noble variété de raisin.

Laissez tomber la température de service recommandée sur la contre-étiquette. Six degrés Celsius ? Brrr ! C'est beaucoup trop froid : le vin resterait pratiquement muet sur le plan olfactif et plutôt mince en bouche. Sortez la bouteille du frigo une bonne trentaine de minutes avant de la déguster. Des notes florales, de miel de trèfle, de cire chaude, d'eau d'érable et d'eau de Cologne sont au rendez-vous. Au gustatif, une certaine pureté est présente, et le produit est sans sucre et sans la moindre trace d'un passage en barrique de bois.

BLANC

DANS LA MÊME LIGNÉE :
St-Florent
Domaine Langlois-Chateau
CODE SAQ : 00962316
PRIX : 16,45 $

3 382250 000458

8 420759 900017

Basa Telmo Rodríguez 2016

16,20 $

ORIGINE
Rueda – Castille Léon - Espagne

CÉPAGES
Verdejo - viura - sauvignon blanc

À SERVIR À
9-10 °C

CARAFE
-

À BOIRE AVANT
2018-2019

SUCRE ET ALCOOL
1,6 g/l et 13 %

CODE SAQ
10264018

ACCORDS
Accompagnez-le de deux ou trois belles brochettes de grosses crevettes tigrées au safran bien badigeonnées d'huile d'olive, de poivre de Cayenne, de jus de citron, de basilic frais, de graines de sésame… Une salade aux agrumes et noix de pin ou une salade tiède de saumon compléteront aussi très bien cet accord.

AÉRIEN, SALIVANT, VAPOREUX, SAPIDE ET TONIFIANT.

Pour moi, un bon vin blanc doit être comme des pâtes : bien *al dente* ! On aime nos *pastas* quand elles résistent un peu sous la dent et non pas quand elles sont molles. Donc, des blancs pâteux, lourdauds, peu acides et balèzes, c'est comme des spaghettis trop cuits, ça ne m'allume pas fort fort… Si vous me rejoignez là-dedans, vous trouverez assurément chaussure à votre « nez » dans les pages de ce bouquin, par exemple des chardonnays épurés, des sauvignons vigoureux, de vibrants rieslings, des chenins blancs imprégnants, des furmints hyper-digestes, etc. Pour vous, donc, et pour le bonheur de vos papilles, voici un blanc presque uniquement fait du nerveux et excitant cépage verdejo.

Le très connu vigneron ibérique Telmo Rodríguez produit des vins dans plusieurs zones et appellations espagnoles. Le moins dispendieux de sa gamme disponible à la SAQ est ce vin de l'appellation Rueda, en Castille-et-León. Il s'agit d'un blanc au profil aérien, salivant, vaporeux, sapide et tonifiant. Il est important de ne pas le servir froid. Sortez-le donc du réfrigérateur une bonne demi-heure avant sa dégustation pour profiter pleinement de ses arômes d'agrumes.

BLANC

DANS LA MÊME LIGNÉE :
Attitude
Pascal Jolivet
CODE SAQ : 11463828
PRIX : 16,45 $

3 490960 160000

Cuvée des Conti Château Tour des Gendres 2015

16,45 $

ORIGINE
Bergerac – Sud-Ouest - France

CÉPAGES
Sémillon - sauvignon blanc - muscadelle

À SERVIR À
11-12 °C

CARAFE
30 minutes

À BOIRE AVANT
2020-2021

SUCRE ET ALCOOL
1,8 g/l et 13,5 %

CODE SAQ
00858324

ACCORDS
Vous êtes nombreux à m'écrire pour que je vous suggère un bon vin pour accompagner un plateau de fromages. Sachez que cette cuvée fera un tabac sur plusieurs petits chefs-d'œuvre bien de chez nous ! Ajoutez deux ou trois poignées de noix et des morceaux d'abricots séchés à votre sélection pour maximiser la symbiose !

IL AURAIT RENDU CYRANO FIER ET HEUREUX !

Ça serait rigolo d'établir un Top 10 des vins qui ne sont pas assez chers à la SAQ ! En tout cas, ça clouerait le bec de certains qui continuent de se plaindre que les vins sont tous trop dispendieux sur les tablettes de notre monopole ! Car, oui, selon Mathieu et moi, il y a bel et bien des cuvées qui pourraient coûter plus cher. On fait un peu de *name dropping*? La syrah d'Argentine de Lurton à 9,60 $; le rouge provençal du Château La Lieue à 13,25 $; la cuvée Réserve du Château de Gourgazaud dans le Languedoc à 18,70 $; et, bien sûr, ce blanc de la famille De Conti établie dans le sud-ouest de la France ! Quel petit bijou, et ce, depuis de nombreux millésimes ! Un assemblage qui n'a rien à envier à des fioles qui coûtent 20-25 douilles et qui, au final, sont moins satisfaisantes. Il figure une fois de plus dans ma liste des meilleurs blancs, sous la barre des 20 $, disponibles à la SAQ.

Il ne m'a jamais paru aussi invitant à l'olfactif et aussi accompli et vivant au gustatif. Arômes de craie à tableau, d'abricot bien mûr, de fleurs blanches. L'attaque en bouche est toujours aussi gracieuse, huileuse et ronde. Il y a du volume, de la texture, du gras, de l'acidité et de la tension dans ce blanc. Bien sec, salivant et excitant au possible. Ça ne prendra pas un « nez bionique » pour apprécier ce délicieux vin de Bergerac qui aurait rendu le grand Cyrano à la fois fier et heureux !

BLANC

DANS LA MÊME LIGNÉE :

Réserve

Château Grand Jean

CODE SAQ ; 11770060

PRIX : 17,20 $

3 479210 009269

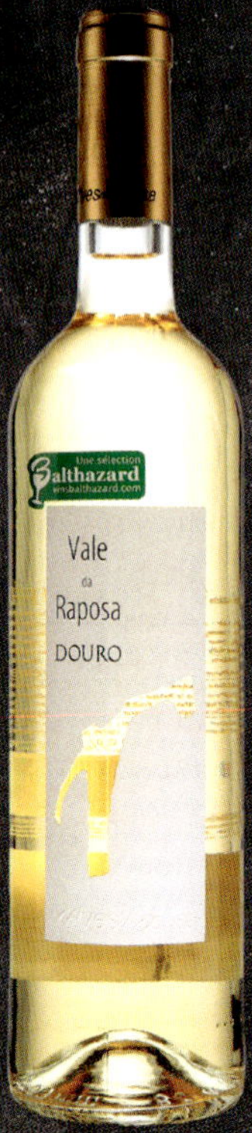

Vale da Raposa Alves de Sousa 2015

16,45 $

ORIGINE
Douro - Portugal

CÉPAGES
Gouveio - malvasia fina

À SERVIR À
11-12 °C

CARAFE
-

À BOIRE AVANT
2019-2020

SUCRE ET ALCOOL
1,2 g/l et 12,5 %

CODE SAQ
12708428

ACCORDS
Une salade bien garnie de crevettes nordiques, de mangue, d'avocat et de noix de pin mettra ce bon vin blanc hispanique sur un piédestal, tout comme un tartare de saumon à l'aneth.

RAVISSANT !

C'est bien de boire du riesling, du sauvignon, du chardonnay, du chenin ou du viognier, mais de temps à autre il peut être fort plaisant de déstabiliser ses papilles et celles de ses invités avec des vins blancs issus de cépages moins connus. Des exemples ? Un grüner veltliner d'Autriche, un catarratto de Sicile, un vandal-cliche du Québec, un torrontés d'Argentine, un furmint de la Hongrie, un albarino d'Espagne, un vidal ontarien, ou même un blanc fait de gouveio et de malvasia fina, deux cépages que l'on trouve principalement dans le Douro, au Portugal, lequel produit des dizaines de variétés de raisin autochtones qui nous font sortir de notre zone de confort, et ce, autant en blanc qu'en rouge.

La famille Alves de Sousa nous livre un blanc de cueillette 2015 qui est ravissant, excitant et salivant à souhait. La minéralité, la franchise et la netteté sont présentes dans cette très bonne cuvée portugaise. Le vin est complètement sec, glissant, et vous verrez qu'un verre en appelle un autre. On y sent la craie à tableau et la pierre humide… En y goûtant vous-même, vous comprendrez mieux ce que je veux dire. Ne le servez pas trop froid et vous profiterez de ses délicats arômes et de plus de volume en bouche.

BLANC

DANS LA MÊME LIGNÉE :
Castello di Pomino
Marchesi de Frescobaldi
CODE SAQ : 00065086
PRIX : 18,55 $

8 007425 000730

Terre di Giumara Caruso & Minini 2016

16,75 $

ORIGINE
Sicile - Italie

CÉPAGE
Grecanico

À SERVIR À
10-11 °C

CARAFE
-

À BOIRE AVANT
2019-2020

SUCRE ET ALCOOL
4,2 g/l et 13,5 %

CODE SAQ
11793181

ACCORDS
La classique couronne de crevettes du brunch du dimanche, des croquettes de poisson mouillées de jus de citron, une salade de calmars et sa vinaigrette à la lime... ? Oui, toutes ces réponses !

8 028920 050013

Avec la ricaneuse et sympathique animatrice Ève-Marie Lortie dans les studios de TVA.

PLEIN DE VITALITÉ SICILIENNE.

L'an dernier, la version rouge faite du cépage frappato avait retenu notre attention. Cette année, gros coup de cœur pour ce blanc net et tendu qui nous a solidement fait «triper». On l'a même propulsé directement jusqu'à notre annuel Top Vins sans trop se casser le coco ! Déstabilisez et éblouissez vous aussi vos papilles en leur servant un bon verre de ce 100 % grecanico sicilien. Une véritable «parcelle» du beau et chaud climat méridional de cette splendide île de la Méditerranée. Et n'allez surtout pas croire que, parce que la chaleur et le soleil sont toujours dans le décor là-bas, le vin sera pâteux et sans acidité. En fait, c'est tout le contraire ! C'est vif, nerveux, bien droit, et on aurait pu croire à un blanc en appellation Chablis ou Petit Chablis tellement le produit est énergique et vigoureux en bouche. On ne peut pas dire que c'est un «grand blanc» (même si le prix n'est pas toujours égal à la qualité d'un vin, on parle quand même ici d'une fiole à 16-17 $!), mais, compte tenu de son prix très modéré, vous serez fort surpris des charmes et vertus de cette cuvée.

Les amateurs de vins blancs du Centre-Loire et du Chablisien seront aux p'tits oiseaux en présence de ce jeune et fougueux italien à la signature pleine de vitalité. Ça sent les fruits à chair blanche, la craie à tableau, la pomme verte… Pas besoin de la boule de cristal de Jojo pour deviner que le produit sera en bonne union avec des fruits de mer en coquillage et de nombreux poissons à chair blanche à l'huile d'olive. Une bouteille au contenu pur, net, franc, précis et bien *al dente* dont mon «gros museau» se souviendra longtemps ! Chapeau au domaine Caruso & Minini pour cette brillante fiole à prix d'ami !

BLANC

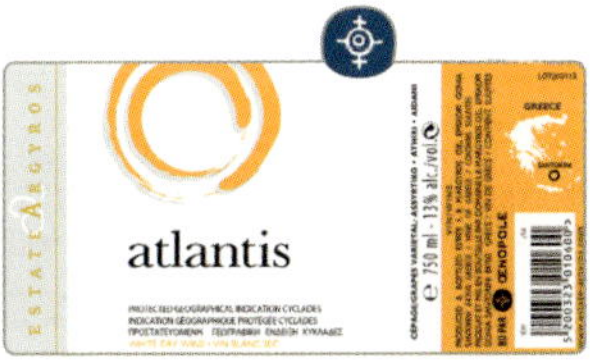

DANS LA MÊME LIGNÉE :
Atlantis
Domaine Argyros
CODE SAQ : 11097477
PRIX : 17,80 $

5 200323 010600

9 415305 087457

Pinot gris Matua 2015

16,95 $

ORIGINE
Gisborne - Nouvelle-Zélande

CÉPAGE
Pinot gris

À SERVIR À
8-9 °C

CARAFE
-

À BOIRE AVANT
2018-2019

SUCRE ET ALCOOL
7,5 g/l et 12,5 %

CODE SAQ
13189560

ACCORDS
Égayez vos 5 à 7 en servant cette bouteille de blanc avec des sushis, des bouchées de melon-prosciutto, une assiette de calmars arrosés de jus de citron, ou un cocktail de crevettes fraiches.

AU BORD DE LA PISCINE EN PLEINE CANICULE.

On peut affirmer que la Nouvelle-Zélande, qui a le vent dans les voiles quant aux ventes de vin, a gagné le jackpot ces 10 à 15 dernières années. Les trois cépages les plus plantés au pays sont le sauvignon blanc, le pinot noir et le chardonnay, trois variétés très demandées à l'exportation. Le sauvignon a la cote en ciboulot un peu partout dans le monde ; la demande et la réputation du pinot noir n'ont jamais été si palpables ; et, bon an, mal an, l'international chardonnay fait plaisir à des millions d'amoureux du vin. Ce pays de l'Océanie peut aussi se vanter d'être tout simplement magnifique. Toute personne qui y a voyagé louangera les splendides paysages, l'épatante gastronomie, le chaleureux accueil et la gentillesse des habitants.

Ce parfumé et vachement invitant blanc de la région de Marlborough, on peut aisément l'imaginer au bord de la piscine par un après-midi de canicule. Ses flaveurs de chair de pamplemousse, de zeste d'agrume et de pomme verte sauront séduire de nombreuses papilles. Voilà bien un blanc du Nouveau Monde, plein d'énergie et de vitalité, qui fera ployer plusieurs genoux.

BLANC

DANS LA MÊME LIGNÉE :
Sauvignon blanc
Villa Maria
CODE SAQ : 11974951
PRIX : 17,40 $

9 414416 305528

Secateurs Adi Badenhorst 2016

17,30 $

ORIGINE
Swartland - Western Cape - Afrique du Sud

CÉPAGE
Chenin blanc

À SERVIR À
10-11 °C

CARAFE
-

À BOIRE AVANT
2020

SUCRE ET ALCOOL
3,1 g/l et 14 %

CODE SAQ
12135092

ACCORDS
Un poulet au beurre et son riz blanc aux champignons sauvages seront de bons compagnons pour ce vin blanc d'Afrique du Sud. On peut aussi le servir avec un pavé de morue sauce crémeuse ou encore un fettucine Alfredo.

6 009800 591095

PÊCHE, MIEL CHAUD, FLEURS BLANCHES ET CIRE D'ABEILLE.

Il y a deux ou trois ans, j'écrivais que ce vin blanc sud-africain aurait dû coûter plus de 20-22 $ la bouteille, et non 19 $. Le voici maintenant à 17 $ et des gouttelettes... WOW ! Il est désormais dans le répertoire général de la SAQ et vous le trouverez en bonne quantité aux quatre coins de notre belle province. À mon humble avis, aucun autre blanc fait de chenin, à moins de 20 $, ne lui arrive à la cheville sur notre marché. Pour le meilleur et pour le « prix », sautez sur ce séduisant sud-africain ! Un petit bijou du Nouveau Monde qui devrait toujours se trouver dans la porte de votre réfrigérateur, et que personne ne refusera du revers de la main, croyez-moi !

Il affiche une coloration dorée, presque jaune. Tout en étant assez discret au nez, le vin libère des arômes de pêches en conserve, de miel chaud, de fleurs blanches et de cire d'abeille. Il offre une texture onctueuse, un beau gras et des courbes bien rondes. On aime son sage 12,5 % d'alcool, ses sucres résiduels discrets et sa longueur en bouche fort satisfaisante. Charmant et épatant pour une facture tout à fait modeste.

DANS LA MÊME LIGNÉE :
La Calèche
Domaine des Baumard
CODE SAQ ; 12854396
PRIX : 19,95 $
3 760046 403100

Classique Domaine Tselepos 2016

17,50 $

ORIGINE
Mantinia - Péloponnèse - Grèce

CÉPAGE
Moschofilero

À SERVIR À
10-11 °C

CARAFE
-

À BOIRE AVANT
2018-2019

SUCRE ET ALCOOL
2 g/l et 12 %

CODE SAQ
11097485

ACCORDS
Des guédilles au homard ou aux crevettes lui feraient belle figure. Vous pourriez également le servir sur de nombreux fruits de mer en coquillage ou sur des poissons à chair blanche mouillés d'une sauce vierge.

DES ARÔMES DE PÊCHE ET D'ABRICOT BIEN MÛRS.

Quand je découvre une belle cuvée qui me fait vibrer les papilles, la première question qui me vient en tête, c'est : « Où vais-je la saluer ? » Dans le journal, à la radio, sur les réseaux sociaux, dans une chronique à la télé… ? Quand ça me plaît et que les quantités du produit sont bonnes à travers la province, je lève le drapeau et j'utilise mes différentes tribunes pour en faire profiter tout le monde au maximum. C'est bien ça, le boulot d'un chroniqueur vin, non ? Saluer des flacons qui nous ont procuré du plaisir en dégustation. Je vous raconte tout ça, car le vin grec dont je parle ici m'a séduit au plus haut point, mais ça ne serait pas le genre de bouteille à présenter dans une chronique à la radio. Pourquoi ? Parce que c'est un vin en appellation Mantinia, de la région du Péloponnèse, fait du cépage moschofilero par le domaine Tselepos… Hein ? Quoi ? Tous ces mots à consonance grecque donneraient sûrement des étourdissements aux auditeurs et auditrices… Pour un article, par contre, il est parfait !

Sortez donc des sentiers battus et goûtez ce vin blanc fait d'une variété de raisin très peu connue, le moschofilero. L'olfactif offre des arômes de pêche et d'abricot bien mûrs. C'est exotique, minéral et fort excitant comme type de vin blanc. La bouche est à la fois huileuse, droite, nette, tendue, précise et fort élégante. Ne cherchez pas de sucre, de notes de copeaux de bois ou un vin titrant 15 %, on n'est pas là du tout, les amis ! Et 17,50 $, vraiment ? Bravo !

BLANC

DANS LA MÊME LIGNÉE :
Domaine Gerovassiliou
CODE SAQ : 10249061
PRIX : 18,65 $

5 204222 575017

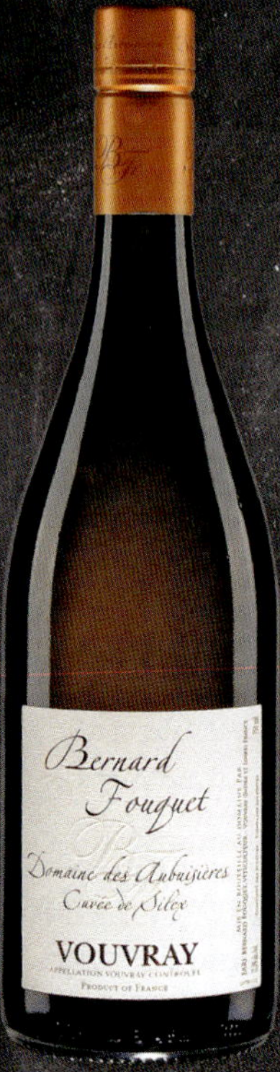

3 484932 222452

Cuvée de Silex Domaine des Aubuisières 2015

18,10 $

ORIGINE
Vouvray - Loire - France

CÉPAGE
Chenin blanc

À SERVIR À
10-11 °C

CARAFE
-

À BOIRE AVANT
2020-2021

SUCRE ET ALCOOL
12 g/l et 12,5 %

CODE SAQ
00858886

ACCORDS
Le volume et la caressante texture de ce gaillard du nord-ouest de la France s'allieront très bien avec une fondue ou un soufflé au fromage. Un poisson à chair blanche mouillé d'une sauce à la sauge ou à l'anis ferait également une symbiose assez réussie !

ENVELOPPANT, ROND, ONCTUEUX.

Quand on parle des grands cépages nobles de la planète vin, on peut saluer le riesling, le pinot noir, le chardonnay, le cabernet sauvignon, le sangiovese, la syrah, le sauvignon blanc, mais il ne faut surtout pas oublier le fameux chenin, aussi appelé « chenin blanc » ou « pineau de la Loire ». C'est une variété de raisin blanc qu'on trouve principalement en Afrique du Sud et dans la splendide vallée de la Loire. Il est à la base de vins mousseux, secs, moelleux et liquoreux. Parmi les blancs qui m'ont procuré les plus agréables frissons en dégustation, je peux citer des vins en appellation Savennières, Coteaux du Layon, Saumur et Vouvray. Ce sont toutes des zones viticoles où l'on façonne des pieds de vigne de… chenin blanc ! En général, les blancs issus de ce cépage libèrent des notes de miel, de cire chaude, de citronnelle, de poire, de citron confit, de compote de pommes… En bouche, il offre habituellement de la texture, de la rondeur et un beau gras.

Ce vouvray offre d'invitants parfums de miel de trèfle, de poire chaude, de vanille, de cire à chandelle… Ses 12 grammes de sucre résiduel par litre ne sont absolument pas un obstacle à la dégustation, car la vigueur, l'acidité et l'énergie sont aussi au rendez-vous. Un produit super-intéressant, au profil enveloppant et rond, qui possède de l'onctuosité ainsi qu'une finale longue et assez persistante.

DANS LA MÊME LIGNÉE :
El Bonhomme blanco
Nathalie Bonhomme
CODE SAQ : 12210443
PRIX : 18,85 $

8 437006 989091

3 499057 541005

Réserve Léon Beyer 2015

18,25 $

ORIGINE
Alsace - France

CÉPAGE
Riesling

À SERVIR À
10-11 °C

CARAFE
-

À BOIRE AVANT
2020-2021

SUCRE ET ALCOOL
4,1 g/l et 12 %

CODE SAQ
00081471

ACCORDS
En Alsace, on vous le proposerait pour accompagner une choucroute, un fromage munster ou une tarte flambée. Plus près de chez nous, je vous propose une fondue au fromage, des coquilles Saint-Jacques, un pâté au saumon ou des vol-au-vent au poulet.

SANS FAUSSE NOTE !

Ce grand cépage noble, le riesling, m'a fait tomber en amour avec le vin blanc il y a près de 20 ans. Ceux de Trimbach, de Loosen, de Hugel, de Cave Spring, de Seppi Landmann, de Dönnhoff, de Weinbach, mais également ceux du grand Marc Beyer, en sol alsacien, m'ont offert de mémorables dégustations. Un riesling d'un grand terroir et d'un bon producteur, ayant 5 ou 10 ans derrière la cravate, pourra vous procurer un moment de dégustation tout simplement inoubliable. Le riesling, très polyvalent, peut donner de très beaux résultats vinifié en blanc sec, en moelleux ou en liquoreux. On n'a qu'à penser aux vendanges tardives, aux sélections de grains nobles ou même aux délectables vins de glace produits avec ce magnifique cépage. Seul bémol, il faut débourser une bonne somme pour s'en procurer un qui nous donnera du plaisir et une satisfaisante dose émotionnelle... À moins de 15-20 $, ces vins sont habituellement sucrés, pâteux et peu satisfaisants en dégustation. Mais en voici un pour vous, impeccable et sans fausse note, à 18 $!

D'entrée de jeu, on peut dire qu'il est hyper-représentatif des vins blancs issus de ce cépage, car il libère des notes de mèche de lampe à huile humectée, de miel, de kérosène, de poire chaude, de pomme bien mûre, de citron confit... Disons que tout bon dégustateur l'aurait eu droit dans le mille en dégustation à « l'aveugle ». C'est droit, tranchant, nerveux, vachement élégant et bien persistant. Pour encore plus de « *fun* en bouche », essayez de trouver les deux autres rieslings, plus haut de gamme, signés du même producteur, soit les Écaillers (31,75 $) et les Comtes d'Eguisheim (50 $). Deux blancs accomplis qui vous prouveront à vous aussi que le riesling, quand c'est grand, c'est très grand !

DANS LA MÊME LIGNÉE :
Riesling
Hugel
CODE SAQ : 00042101
PRIX : 17,85 $

3 300370 190033

Les Bornés Henry Pellé 2015

22,35 $

ORIGINE
Menetou-Salon - Loire - France

CÉPAGE
Sauvignon blanc

À SERVIR À
10-11 °C

CARAFE
-

À BOIRE AVANT
2020-2021

SUCRE ET ALCOOL
2,6 g/l et 12,5 %

CODE SAQ
10523366

ACCORDS
Une salade à la chair de crabe des neiges, un club sandwich de homard, un tartare de pétoncles... ? Certainement, oui ! Pensez fruits de mer et fraîcheur et... miam !

FINESSE, GOURMANDISE, FINALE EXQUISE.

Souvent, le soir venu, après une grosse journée de dégustation de 50 ou 60 produits avec Mathieu, je n'ai plus trop le goût de boire un gros verre de rouge. Les papilles sont saturées et nous avons envie de goûter autre chose, par exemple une bière blanche québécoise ou un rafraîchissant Campari avec du jus de pamplemousse… Miam ! Par contre, s'il y a des types de vins dont je ne me lasse pas, ce sont bien les blancs de Chablis, du Jura, mais aussi les sauvignons de Sancerre, de Pouilly-Fumé ou de Menetou-Salon. Ceux de Mellot, de Vacheron, de Jolivet, de Cotat, de Bourgeois, de Pinard ou de Pellé sont mes préférés. Des vins blancs alliant droiture, dimension, mordant, netteté et tension. Des cuvées qui peuvent autant briller à l'apéro qu'à table sur des entrées froides, mais aussi sur certains plats de résistance. Donc, oui, même après avoir goûté, décortiqué, analysé tant de produits en un seul avant-midi, le soir venu j'avale… un verre de vin !

Cette cuvée baptisée Les Bornés est mise en bouteille par le jeune et sympathique œnologue Paul-Henry Pellé. Son père, Éric Pellé, a tristement perdu la vie dans un accident de voiture en 1995. Paul-Henry n'avait que 10 ans à l'époque, mais tout doucement, avec l'aide de sa mère Anne et du vigneron Julien Zernott, il a su reprendre les rênes du domaine et il gère le tout de magnifique façon, car toute sa gamme de vins est tout simplement délicieuse. Vous en trouverez trois sur notre marché. Certaines succursales possèdent d'ailleurs Les Blanchais à 32,25 $, un pur délice ! Celui que je présente ici offre un nez de fleurs blanches, d'agrumes, ainsi qu'une minéralité digne des plus réussis sauvignons de la planète vin. Finesse, gourmandise, droiture, finale en bouche exquise… Juste trop bon.

BLANC

DANS LA MÊME LIGNÉE :
Sancerre
Pascal Jolivet
CODE SAQ : 00528687
PRIX : 26,10 $

3 490960 160109

Morogues Henry Pellé 2015

23,45 $

ORIGINE
Menetou-Salon - Loire - France

CÉPAGE
Sauvignon blanc

À SERVIR À
10-11 °C

CARAFE
-

À BOIRE AVANT
2020-2021

SUCRE ET ALCOOL
1,6 g/l et 12,5 %

CODE SAQ
00852434

ACCORDS
En plus de pouvoir le servir sur une ou deux douzaines d'huîtres, il sera heureux avec un tartare de pétoncles, un cocktail de crevettes fraîches ou une salade de calmars citronnés.

PLUS ÉTINCELANT ET BRILLANT QUE JAMAIS.

J'adore la belle saison ! Les vacances, les feux de camp, le chalet, le bateau, la plage ou les après-midi à flâner au bord de la piscine… L'été est une parfaite période de l'année pour recharger nos batteries et accumuler de l'énergie avant l'arrivée des journées plus sombres d'octobre et de novembre. Par contre, n'allez pas croire que je n'aime pas l'automne ! Faire des tas de feuilles et sauter dedans avec mes deux fistons, corder mon bois de chauffage pour faire crépiter le foyer, mijoter notre meilleure sauce à spag en amoureux dans la cuisine, se coller sur le divan pour regarder un bon film… Sans oublier la fin septembre qui rime avec l'arrivée d'un célèbre fruit de mer… le temps des huîtres ! Qu'elles proviennent de l'île-du-Prince-Édouard, de la Nouvelle-Écosse, de l'Ouest canadien ou du Nouveau-Brunswick, les huîtres fraîches ont la cote au Québec, et pas à peu près ! On se demande souvent avec quel vin les servir. Voici le blanc parfait pour les huîtres nature en demi-coquille.

Ce 100 % sauvignon est plus étincelant et brillant que jamais grâce à la généreuse cueillette de 2015. On craque pour sa pureté aromatique et gustative exemplaire. C'est droit, pur, crayeux, tendu, mordant, précis et clair comme de l'eau de roche. Sans bois, sans sucre, sans maquillage… Nu comme un ver et ravissant ! Ses flaveurs persistantes de lime, de pomme verte, de zeste de citron et de craie à tableau sont exquises. Bon, je m'emporte un peu, mais c'est tellement le genre de blanc qui me fait vibrer les papilles ! Si vous l'oubliez 3-4 ans en cave, son acidité laissera tout doucement place à davantage de rondeur et de gras en bouche.

BLANC

DANS LA MÊME LIGNÉE :
Sauvignon
Astrolabe
CODE SAQ : 12143535
PRIX : 23,80 $
9 421019 370020

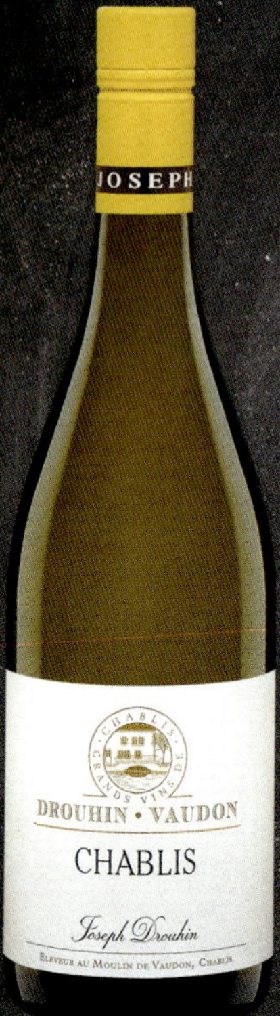

Drouhin Vaudon Joseph Drouhin 2015

23,80 $

ORIGINE
Chablis - Bourgogne - France

CÉPAGE
Chardonnay

À SERVIR À
10-11 °C

CARAFE
-

À BOIRE AVANT
2020-2021

SUCRE ET ALCOOL
1,5 g/l et 12,8 %

CODE SAQ
00199141

ACCORDS
Cet impeccable chablis sera un brillant candidat en solo, à l'apéro, mais également avec de nombreuses entrées froides de poisson et de fruits de mer.

UN CHARME FOU !

Quand on jumelle un grand terroir, un grand cépage, un grand millésime et un grand producteur, on obtient habituellement un bon, un très bon ou même un grand vin ! Vous avez donc ici du chardonnay planté dans la réputée zone de Chablis, de la splendide cueillette de 2015, élaboré par nul autre que le reconnu domaine Joseph Drouhin. La totale sous un bouchon ! Cette même maison viticole met en bouteille une vaste sélection de cuvées allant des chablis à 23-24 $ au montrachet à 700 douilles la quille ou au musigny à plus de 800 « douleurs » ! Plus de 40 étiquettes de ce vignoble réputé sont proposées sur notre marché. Je n'ai pas goûté toute la gamme de la maison située à Beaune, en plein cœur de la Bourgogne, mais les vins que j'ai dégustés ne manquaient ni de personnalité, ni de précision, ni de profondeur.

« Ah ! un bon chablis ! » comme dirait le grand homme et ex-chroniqueur en vin Jacques Benoit ! Ce vin est un salivant, droit et excitant chardonnay qui reflète très bien le plein potentiel du grand terroir chablisien. Il est toujours aussi élégant, vif, délicatement parfumé et vibrant de vitalité que dans le passé. À l'instar du Saint-Martin de Laroche, de la Sereine de la Chablisienne ou des Champs Royaux de William Fèvre, cette cuvée monocépage possède un charme fou !

DANS LA MÊME LIGNÉE :
Saint-Martin
Domaine Laroche
CODE SAQ : 00114223
PRIX : 24,55 $

3 292060 010045

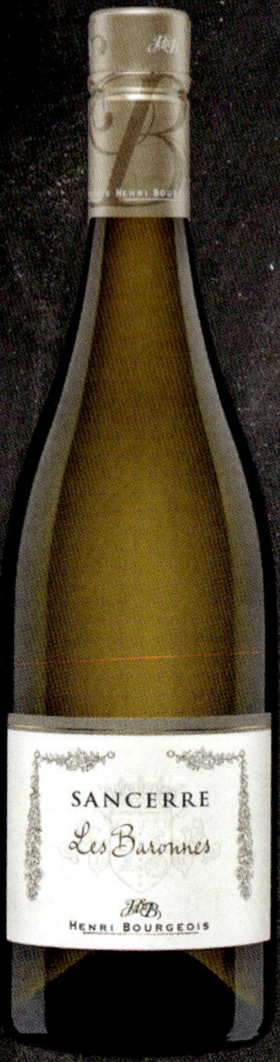

3 365910 002214

Les Baronnes Henri Bourgeois 2015

25,55 $

ORIGINE
Sancerre - Loire - France

CÉPAGE
Sauvignon blanc

À SERVIR À
10-11 °C

CARAFE
-

À BOIRE AVANT
2023-2024

SUCRE ET ALCOOL
1,6 g/l et 13 %

CODE SAQ
00303511

ACCORDS
Les saveurs salines et iodées de nombreux fruits de mer en coquillage sauront séduire ce blanc de la Loire. Un succès assuré sur des huîtres, des palourdes, des moules... Mouillez-les de quelques gouttes de jus de citron et l'union devrait être pas mal du tout.

ÉTINCELANT, LUMINEUX ET VIGOUREUX.

Même si ce blanc du Centre Loire se déguste à merveille dès maintenant, vous pourriez l'oublier plusieurs mois en cave, puisque sa vibrante acidité lui confère une solide colonne vertébrale qui lui permettra de bien vieillir. Pas une décennie, bien sûr, mais au moins 6-7 ans sans trop de soucis. Si vous le buvez sur la jeunesse de son fruit, je vous recommande de l'escorter d'une ou deux douzaines d'huîtres fraîches, nature. Par contre, les plus patients pourront le déguster au début des années 2020 sur des plats en pâte feuilletée, en sauce blanche, ou sur une assiette de pâtes aux fruits de mer gratinées.

Ce réussi blanc du millésime 2015 possède un profil étincelant, lumineux, énergique et bien vigoureux. Les arômes de lime, de pomme verte et de zeste de citron sont aguichants au possible. Un vin «clair comme de l'eau de roche», qui allie minéralité, netteté et digestibilité. Les amoureux de blancs pas mal boisés et assez sucrés resteront totalement sur leur soif, car c'est *bone dry* et sans aucune trace d'élevage en fût de chêne. Le domaine Bourgeois, qui met ce 100% sauvignon blanc en bouteille, élabore des vins dans le Centre Loire, mais également en Nouvelle-Zélande.

BLANC

DANS LA MÊME LIGNÉE :

Sancerre

Château de Sancerre

CODE SAQ : 00164582

PRIX : 24,55 $

3 018300 020458

3 273390 552054

La Moussière Alphonse Mellot 2016

28,85 $

ORIGINE
Sancerre - Loire - France

CÉPAGE
Sauvignon blanc

À SERVIR À
10-11 °C

CARAFE
-

À BOIRE AVANT
2021-2022

SUCRE ET ALCOOL
1,5 g/l et 13 %

CODE SAQ
00033480

ACCORDS
Imaginez-le sur un carpaccio de pétoncles au citron et au basilic ! Vous pourriez également le jumeler avec des blinis de caviar et de saumon fumé. Ces mariages mets-vin feront frémir vos papilles !

Dégustation avec Laurence et Alain Brumont au Labo du Vieux-Québec.

PURETÉ, FINESSE ET MINÉRALITÉ EXEMPLAIRES !

Même si les plus beaux sauvignons de ce monde sont issus du Centre Loire (Sancerre, Menetou-Salon, Pouilly-Fumé...), on peut remercier la Nouvelle-Zélande d'avoir mieux fait connaître et apprécier ce grand cépage au « grand public ». Levons notre verre, entre autres, à Erica et Kim Crawford de la région de Marlborough, qui ont grandement contribué à la forte ascension des ventes de sauvignon au Québec. Les parfums de chair de pamplemousse et de zeste de citron de ce produit en ont fait tomber plus d'un (et surtout plus d'une !) en amour avec ce prolifique et peu capricieux cépage. Aussi appelé le « fumé blanc » en Californie, au Chili et ailleurs sur la planète vin, le sauvignon est une variété de raisin très précoce (il arrive à maturité très tôt) qui peut donner de surprenants résultats autant en cuve inox que fermenté et/ou élevé en fût de chêne.

Vous n'êtes toujours pas convaincu des potentialités de ce cépage ? (Car, oui, il faut se le dire, il y en a de très mauvais sur notre marché !) Eh bien, procurez-vous ce sancerre et il vous prouvera sa valeur ! Il ne vous « sautera » peut-être pas au nez avec d'exubérants parfums explosifs d'agrumes, car ce n'est pas le plus bavard en ville, mais il offre d'exquis et délicats parfums de citron jaune, de fleur blanche, de craie à tableau, de caillou humide, de pierre à fusil... Sa plus belle vertu est sans équivoque son gustatif d'une pureté, d'une finesse et d'une minéralité exemplaires ! Un blanc sapide, tendu, plein de vie et clair comme de l'eau de roche. Un sauvignon bon à en lécher son verre, issu d'une culture en biodynamie, celle des Mellot, qui fait des vins vivants et profonds !

DANS LA MÊME LIGNÉE :

Sancerre

Domaine Vacheron

CODE SAQ : 10523892

PRIX : 36,25 $

3 458965 723910

8 410388 101473

Agarena de Murviedro Murviedro 2015

8,30 $

ORIGINE
Utiel-Requena - Valence - Espagne

CÉPAGES
Tempranillo - cabernet sauvignon

À SERVIR À
15 °C

CARAFE
-

À BOIRE AVANT
2018-2019

SUCRE ET ALCOOL
4,3 g/l et 12,5 %

CODE SAQ
00620674

ACCORDS
L'acidité de la tomate rehaussera la souplesse de ce vin, alors pensez à de simples spaghettis, à une lasagne ou à des cannellonis pour donner un peu de couleur à votre début de semaine.

ÉPATANT ET DÉSTABILISANT.

Au cours des 15 dernières années, c'est dans le centre et le sud de l'Espagne que j'ai vu les bouteilles les moins dispendieuses. Certains flacons ibériques vendus dans des boutiques spécialisées coûtaient 1,6 et 1,8 € l'unité... Imaginez, c'est *grosso modo* 3 $ la bouteille ! Même son de cloche dans des supermarchés en France : des flacons affichant un prix entre 3 et 4 €, c'est assez fréquent sur leurs tablettes. Ce ne sont peut-être pas des « grands crus », mais on est parfois vachement surpris. Alors, si on fouille un peu, est-ce possible de vous trouver un bon rouge à 7-8 $ qui séduira vos papilles à chaque gorgée ? Suivez-moi !

Nous goûtons ce produit ibérique chaque année depuis longtemps, mais il n'avait jamais suffisamment séduit nos papilles pour mériter sa place dans notre guide. Eh bien, ce 2015 vient de nous prouver tout le contraire ! À 8,30 $, cet assemblage sans prétention de cabernet sauvignon et de tempranillo est d'une déstabilisante efficacité pour son rang. Hyper-souple, tout en fraîcheur, léger et sans finale chaotique en bouche. Épatant, déstabilisant et, à ce prix-là, il est aussi parfait comme base de vos belles sangrias de *party* !

DANS LA MÊME LIGNÉE :
Tocado
Borsao
CODE SAQ : 10845701
PRIX : 8,75 $

8 412423 120647

Vila Regia Sogrape 2015

8,95 $

ORIGINE
Douro - Portugal

CÉPAGES
Tinta roriz - tinta barroca - touriga nacional - touriga franca

À SERVIR À
15-16 °C

CARAFE
-

À BOIRE AVANT
2019-2020

SUCRE ET ALCOOL
1,9 g/l et 12,5 %

CODE SAQ
00464388

ACCORDS
Votre assiette de pâtes en sauce tomate aux boulettes de viande n'aura jamais été en aussi bonne compagnie qu'avec ce tout à fait honnête et sans complexe rouge du Portugal septentrional. Une petite assiette de charcuteries serait aussi un excellent choix.

IL VOUS FERA SOURIRE.

Vous ne rêvez pas, voici un bon rouge à seulement 9$! Il n'y en a pas des dizaines sur notre marché, dans cette gamme de prix, qui seront efficaces et qui vous feront sourire. Si vous connaissez déjà le Vila Regia, je vous conseille de goûter ce nouveau 2015. Il est plus réussi et plus fruité que jamais, et il coûte 1,40$ de moins que l'an dernier. Une solide aubaine avec un grand A! Donc, si la visite débarque en grand nombre pour un méchoui ou si vous vous unissez pour la vie devant 100 ou 200 convives, voici la quille à acheter à la caisse pour leur plaire et pour ne pas râper les chiffres de votre carte de crédit. De plus, vous n'aurez pas à faire les quatre coins de la ville pour en dénicher, car les 400 succursales du Québec en ont en stock.

Je vous le promets, le vin est épatant et vachement honnête. Avec ses notes de fruits cuits et de réglisse noire, il est plus soutenu, davantage gourmand, et offre plus de matière tannique que dans les millésimes précédents.

DANS LA MÊME LIGNÉE:
Rioja Vega
CODE SAQ: 12699197
PRIX: 10,25$

8 411971 540112

Araucano Reserva François Lurton 2016

9,60 $

ORIGINE
Vallée de Lolol - Vallée Centrale - Chili

CÉPAGE
Syrah

À SERVIR À
15 °C

CARAFE
-

À BOIRE AVANT
2019-2020

SUCRE ET ALCOOL
4,7 g/l et 13,5 %

CODE SAQ
11975073

ACCORDS
Jouez la carte de la simplicité et misez sur des plats sans chichi et à base de bœuf haché, comme un bon vieux pâté chinois, un pain de viande maison ou une lasagne faite avec votre meilleure sauce à «spag» !

0 635335 382011

IMPECCABLE, FRAIS ET JUTEUX.

Il y a un an presque jour pour jour, j'écrivais deux paragraphes sur ce même vin, mais du millésime 2014. Il coûtait 11 $ et s'était aisément hissé dans la section Top Vins du livre. À la suite des trois diminutions de prix à la SAQ entre l'automne 2016 et l'hiver 2017, son prix a baissé de 1,40$ la bouteille. À 9,60$, ce vin de syrah est un excellent candidat au titre du meilleur rouge à moins de 10 douilles en magasin ! On pourrait également citer le Vila Regia de Sogrape à 8,95$, le Terre à Terre de Bousquet à 9,20$, et même l'impeccable et sans complexe Campobarro de San Marcos à 9,25$. Cette cuvée d'entrée de gamme fait un candide mais percutant pied de nez à de nombreux vins de dépanneur qui coûtent le double !

En le servant à la bonne température et dans le bon verre à dégustation, vous vous apercevrez que le produit est impeccable, frais et juteux, et quasi imbattable pour la très modeste facture. Notez qu'en février 2017, quand nous l'avons goûté, le vin était jeune, pimpant et assez fougueux. Dans 6-7 mois, il sera selon moi encore plus agréable.

ROUGE

DANS LA MÊME LIGNÉE :
Syrah
Santa Julia
CODE SAQ : 12698207
PRIX : 10,15 $

7 791728 001013

La Garnotte Jean-Noël Bousquet 2015

10,35 $

ORIGINE
Corbières - Languedoc-Roussillon - France

CÉPAGES
Syrah - carignan - grenache

À SERVIR À
15-16 °C

CARAFE
-

À BOIRE AVANT
2019-2020

SUCRE ET ALCOOL
2,4 g/l et 13,5 %

CODE SAQ
11374411

ACCORDS
Cherchez-vous un rouge simple et honnête pour bien accompagner un sous-marin aux boulettes de viande ou un sandwich au porc effiloché ? Misez les yeux fermés sur ce corbières dont les parfums du Sud seront bien rehaussés par la viande.

UN FRUITÉ ABONDANT, DES NOTES D'ÉPICES À CUISSON.

Certains vins nous attirent par leur étiquette rigolote, d'autres par l'amusant nom du domaine ou de la cuvée. Des exemples? Les Plots du Château Coupe Roses; El Bonhomme de Nathalie Bonhomme; Raisins Gaulois de Marcel Lapierre; Méchant Loup du Vignoble du Loup Blanc; Domaine du Grand Veneur à Châteauneuf-du-Pape; et même cette sympathique cuvée La Garnotte du top vigneron Jean-Noël Bousquet. Sous le généreux millésime 2015, ce vin est plus en forme que jamais et son coût est passé de 12-13$ à seulement 10,35$. Une dégringolade qui fera le plaisir des consommateurs en quête d'un bon vin de semaine ou d'une fiole hyper-abordable et généralement très appréciée pour abreuver les invités lors d'une réception de nombreux convives.

Vous aurez beau essayer de lui trouver des vices, selon nous cette Garnotte est sans fausse note! Un fruité abondant, des notes d'épices à cuisson, un profil méridional et méditerranéen… Il y a aussi son jeune frangin le Terre à Terre (voir ci-dessous), à 1$ de moins, qui est impeccable. Au cas où la visite débarquerait en grand nombre, ne vous faites pas prendre avec une réserve de vins à sec; faites des provisions en mettant la main sur un carton de 12 quilles de cette solide aubaine du sud de la France!

DANS LA MÊME LIGNÉE:

Terre à Terre

Jean-Noël Bousquet

CODE SAQ: 11374391

PRIX: 9,20$

3 564732 005094

7 791728 000337

Santa Julia Zuccardi 2016

10,35 $

ORIGINE
Mendoza - Argentine

CÉPAGE
Cabernet sauvignon

À SERVIR À
15-16 °C

CARAFE
-

À BOIRE AVANT
2018-2019

SUCRE ET ALCOOL
2,8 g/l et 13,5 %

CODE SAQ
12284346

ACCORDS
Mettez de la couleur dans votre prochain méchoui entre amis en servant ce fort satisfaisant cabernet argentin. Un agneau ou un porc entier cuit à l'extérieur, sur la broche, un samedi après-midi d'été… Ahhh ! c'est ça, la vie !

IL JOUE FORT BIEN LA CARTE DE L'HONNÊTETÉ.

L'an dernier, la syrah de la gamme Santa Julia de la maison sud-américaine Zuccardi avait fait belle figure dans ce bouquin. Au printemps 2017, nous avons goûté les 2016 l'un après l'autre, et cette fois c'est la version faite de cabernet sauvignon qui nous a séduits. En fait, les deux cuvées s'avèrent d'excellents achats à seulement 10 douilles la quille ! Ici, *what you smell and taste is what you get* ! Donc, oubliez les longues heures d'aération en carafe ou la sieste de quelques années en cave… Servez-le assez frais dans les 18 prochains mois et, tout comme nous, vous serez agréablement surpris par la qualité de son fruit.

Si vous avez été échaudé par un puissant, costaud, hyper-boisé, moderne *king cab* du Nouveau Monde ces dernières années, et que depuis vous les évitez, je vous promets une réconciliation avec celui-ci. Il vous offrira une palette aromatique limitée et une longueur en bouche modeste, mais il joue fort bien la carte de l'honnêteté, de l'efficacité et de la simplicité. Ses tanins sont souples, mais présents, et une finale légère se présente en bouche.

ROUGE

DANS LA MÊME LIGNÉE :

Chatons du Cèdre

Le Cèdre

CODE SAQ : 00560722

PRIX : 13,00 $

3 750026 020014

Deakin Estate 2015

11,20 $

ORIGINE
Victoria - Australie

CÉPAGE
Shiraz

À SERVIR À
15-16 °C

CARAFE
-

À BOIRE AVANT
2018-2019

SUCRE ET ALCOOL
3,1 g/l et 13,5 %

CODE SAQ
00560821

ACCORDS
Un vin simple, un plat simple ! Pensez donc aux macaronis à la sauce à la viande, à un sous-marin à la viande à fondue avec de la mayonnaise maison, ou à un bœuf haché sauce lyonnaise.

FACILE, GLISSANT ET PULPEUX.

Si quelque chose nous a marqués au cours de la rédaction du guide cette année, c'est bien le retour en force de nombreux vins (surtout des rouges) vachement honnêtes et sans fausse note à moins de 11-12 $. Les baisses de prix de 1600 produits des plus populaires a beaucoup aidé. C'est sans compter l'arrivée de nouveaux vins d'entrée de gamme du sud de la France, du Chili, d'Espagne, d'Argentine et du Portugal. Comme quoi, oui, il valait la peine de demander haut et fort le retour des quilles à petit prix ! Nous, nous les appelons les vins de début de semaine, les vins de réceptions et les vins de beau-frère ! Des fioles qui sauront vous procurer du plaisir immédiat et de la satisfaction.

Vous compterez sur les doigts d'une main les vins australiens qui paraissent dans notre bouquin. Encore cette année, de nombreuses cuvées de cette île géante de l'Océanie nous ont laissés sur notre soif... Beaucoup d'alcool et de bois, du sucre résiduel et une concentration souvent assez encombrante au gustatif. Il y a une grande demande et un immense marché pour ce type de vin, mais ce n'est pas vraiment notre tasse de thé. Par contre, ce shiraz australien nous a agréablement surpris par sa fraîcheur et sa simplicité. Rien de techno, aucune trace de maquillage inutile. Sans se prendre pour une côte-rôtie ou pour un hermitage des Côtes-du-Rhône, le vin est facile, glissant, pulpeux et fort efficace. Ça reste simple, léger et d'une coloration peu soutenue, mais sans défaut pour une facture tout simplement dérisoire.

ROUGE

DANS LA MÊME LIGNÉE :

Mezzomondo

Mondo del Vino

CODE SAQ : 11254452

PRIX : 9,95 $

5 028267 004192

Seleccion Borsao 2015

11,80 $

ORIGINE
Campo de Borja - Aragon - Espagne

CÉPAGES
Grenache - tempranillo - cabernet sauvignon

À SERVIR À
15 °C

CARAFE
-

À BOIRE AVANT
2018-2019

SUCRE ET ALCOOL
2,5 g/l et 14,5 %

CODE SAQ
10324623

ACCORDS
Misez sur la simplicité et optez pour des entrées de bruschetta, un sandwich à la tomate ou même une bonne pizza aux tomates confites et au basilic. C'est frais dans le verre, alors mettez également de la fraîcheur dans votre assiette !

8 412423 120036

UN DE NOS TOP VINS !

Au Québec, on connaît bien la gamme des produits de la cave de Borsao. Les gens adorent ses vins ! Encore cette année, Mathieu et moi avons eu la chance de goûter toutes les cuvées de ce domaine situé en Aragon, dans le nord-est de l'Espagne. Mis à part le Tres Picos à 20 $, nous avons été conquis par la totalité des cuvées de ce producteur ibérique. Le fruité est toujours en avant-scène et ils sont tous d'un rapport qualité/prix vraiment impeccable. C'est sans trop se casser la tête que nous avons attribué le statut de Top Vin à ce rouge à moins de 12 $. Le plus beau dans tout ça, c'est que la SAQ dispose de très bonnes quantités de ce produit, même du magnum de 1,5 litre. Logiquement, ce gros format devrait coûter le double, donc 24 $, non ? Eh bien, non, il coûte seulement 19,60 $. Quelle emplette à ce prix ! Alors, s'il y a un gros *party* en vue et des dizaines de copains à abreuver sans vous ruiner, sautez sur ce fort bon magnum aux couleurs « rouge-orange Halloween » !

L'assemblage de trois cépages produit une coloration qui n'est pas tellement profonde. Par contre, ce 2015 déploie plus d'expression aromatique et davantage de fruit que dans les millésimes précédents. C'est frais, tout en souplesse et sans aucun complexe. Deux fois bravo aux gens de Borsao !

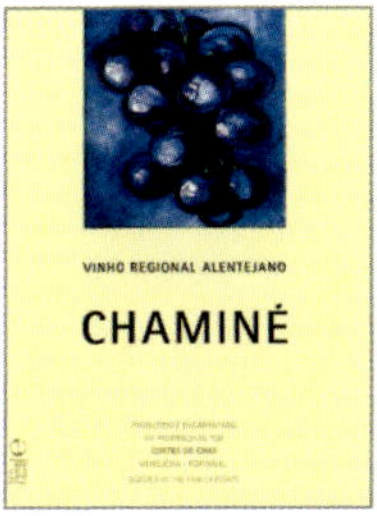

DANS LA MÊME LIGNÉE :
Chaminé
Cortes de Cima
CODE SAQ : 10403410
PRIX : 13,65 $

5 603790 001193

Pasico Juan Gil 2015

11,90 $

ORIGINE
Jumilla - Murcie - Espagne

CÉPAGES
Monastrell - shiraz

À SERVIR À
15-16 °C

CARAFE
-

À BOIRE AVANT
2018-2019

SUCRE ET ALCOOL
2,6 g/l et 13,5 %

CODE SAQ
12990152

ACCORDS
Mettez de la couleur dans votre prochain BBQ ou votre prochain méchoui en famille et entre amis en servant ce rouge d'entrée de gamme de la côte est de l'Espagne. Ce passe-partout ira très bien avec vos côtes levées et vos poitrines de poulet.

8 437005 068865

Un olivier de plusieurs siècles sur la côte est de l'Espagne.

TOTALEMENT AXÉ SUR LE FRUIT.

Les domaines Juan Gil produisent près de 10 millions de bouteilles annuellement, principalement des rouges faits de mourvèdre, de grenache, de cabernet sauvignon et de syrah. Leurs produits sont habituellement musclés, boisés, structurés, tanniques et assez alcoolisés. La plupart de leurs parcelles de vignes sont situées dans l'appellation Jumilla, dans la province de Murcie. Une zone où il tombe moins de 300 millimètres de pluie par année, où le soleil brille pendant 300 jours et où les écarts thermiques entre le jour et la nuit sont de 20 à 25 degrés Celsius. Si les vins de la maison sont assez costauds et qu'ils font généralement le bonheur des gens qui affectionnent les quilles à la signature « moderne » et au profil « Nouveau Monde », ce Pasico est tout le contraire ! Frais, très fruité, facile, primaire, peu tannique et tout en souplesse. Quelle belle aubaine pour un peu moins de 12 $!

Vous ne gagnerez pas grand-chose (en fait, rien du tout !) à le laisser vieillir en cave. Il est prêt à boire et je vous conseille de ne pas l'oublier plus de deux ans dans votre réserve. Le vin est rassasiant, non boisé, totalement axé sur le fruit et sans grande profondeur. On y hume du jus de cerise, de la grenadine, de la liqueur de cassis… C'est le moins cher des vins de ce domaine ibérique et probablement le plus satisfaisant et surprenant en dégustation. Une bouteille à mini-prix, à la fois étonnante et épatante !

DANS LA MÊME LIGNÉE :
Château du Grand Caumont
CODE SAQ : 00316620
PRIX : 12,65 $

3 357780 000414

Vieilles Vignes Cazal Viel 2014

12,45 $

ORIGINE
Saint-Chinian - Languedoc-Roussillon - France

CÉPAGES
Grenache - syrah

À SERVIR À
15-16 °C

CARAFE
-

À BOIRE AVANT
2019

SUCRE ET ALCOOL
3,0 g/l et 13,5 %

CODE SAQ
00202499

ACCORDS
Une assiette de souvlaki allongé sur des pommes de terre frites un brin épicées et sur un riz citronné formera un super duo avec cette superbe aubaine languedocienne. Une escalope de veau dijonnaise serait aussi un excellent choix.

ÇA SENT LES ÉPICES ET LA CONFITURE DE BLEUETS.

Il a toutes les bonnes qualités pour se retrouver sur les tables de vos convives si vous avez un mariage en vue. Il ne coûte vraiment pas cher, il est disponible en grande quantité dans pratiquement toutes les succursales de la province, et sa capsule à vis vous évitera d'avoir à tirer le bouchon de 150 ou 200 bouteilles lors de la réception (en plus de vous protéger entièrement d'une bouteille bouchonnée !). Au-delà de tout ça, sa plus grande vertu est qu'il est bon et qu'il ne décevra pas vos invités lors d'une des plus importantes journées de votre vie.

Il est d'une couleur violacée vachement brillante, qui invite à la dégustation. Pas de notes « chauffées », d'odeurs douteuses souvent présentes dans d'autres produits dans cette fourchette de prix. C'est feutré et ça sent les épices et la confiture de bleuets. Sous le millésime 2014, ce vin semble plus concentré, plus soutenu et encore en meilleure forme que par le passé. Étonnant et fort satisfaisant pour son rang ! On peut dire que la famille Miquel fait un travail remarquable, car toutes ses cuvées que j'ai eu le privilège de déguster étaient sans faille, sans fausse note. Cet assemblage de grenache et de syrah est issu de vieilles vignes plantées au début des années 1960 et représente fort bien ce que ce domaine peut faire pour vraiment pas cher. Un seul mot : bravo !

ROUGE

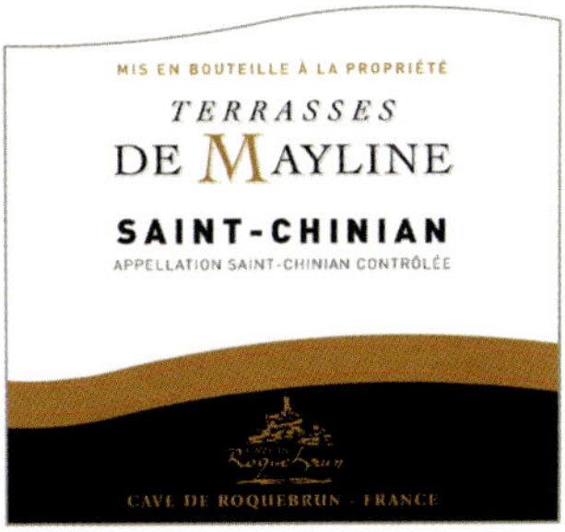

DANS LA MÊME LIGNÉE :

Terrasses de Mayline

Cave de Roquebrun

CODE SAQ : 00552505

PRIX : 13,55 $

3 379430 000674

0 659264 115489

Clos Bagatelle 2016

12,55 $

ORIGINE
Saint-Chinian - Languedoc-Roussillon - France

CÉPAGES
Syrah - grenache - carignan

À SERVIR À
15-16 °C

CARAFE
-

À BOIRE AVANT
2019-2020

SUCRE ET ALCOOL
1,7 g/l et 13,5 %

CODE SAQ
12824998

ACCORDS
Un bon gros bol de rigatonis en sauce tomate et à la viande hachée d'agneau, bien gratiné de fromage Grondines de la fromagerie des Grondines, fera honneur à cette plaisante cuvée du sud de la France. Un filet de porc rosé sauce crémeuse aux tomates séchées ferait aussi avec lui un mariage heureux.

POUR LE BONHEUR DE VOS PAPILLES.

Je dois lever bien haut mon verre à une jeune dame qui œuvre avec nous à la rédaction de ce bouquin annuel : Émilie Mongrain, éditrice aux Éditions de l'Homme. Les mots « minutieuse », « rigoureuse » et « à l'affût » devraient être inscrits à côté de son nom dans *Le Petit Larousse* ! C'est grâce à elle et à sa conviction que nous nous renouvelons au fil des ans. Elle nous talonne pour que nous présentions chaque année de nombreux vins qui étaient absents de l'édition précédente. Elle veut que nous vous reconquérions à chaque parution et elle a tout à fait raison : vous méritez la crème des flacons et des dizaines de découvertes chaque année ! Disons que pour la suggestion suivante, Émilie ne sera pas fière de son sommelier... Eh oui, ce Clos Bagatelle faisait partie du Top Vins de l'année dernière, et il revient vous hanter dans la « cuvée » 2018 de votre *Lapeyrie*. Mais c'est pour le bonheur de vos papilles et pour la santé de votre portefeuille, je vous l'assure, les amis ! C'est fort bon, et (ça n'a pas trop de sens de dire ça, mais...) ce vin n'est pas assez cher si on le compare à de nombreux pinards douteux qui coûtent quatre ou cinq dollars de plus.

Ce 2016 est aussi coloré, parfumé, épicé, frais et précis qu'il l'était en 2015. Un beau fruité droit et généreux, un profil juteux et primaire, et pas de finale chaotique en bouche, comme c'est trop souvent le cas des rouges dans cette échelle de prix. Sautez sur ce formidable rapport qualité/prix/plaisir signé par un talentueux duo frère-sœur, Christine et Luc Simon, établi dans le Languedoc.

ROUGE

DANS LA MÊME LIGNÉE :

Marius

Chapoutier

CODE SAQ : 11975196

PRIX : 13,55 $

3 391181 600057

3 394150 008717

Sirius Sichel 2014

12,90 $

ORIGINE
Bordeaux - France

CÉPAGES
Merlot - cabernet sauvignon

À SERVIR À
16-17 °C

CARAFE
-

À BOIRE AVANT
2018-2019

SUCRE ET ALCOOL
2,6 g/l et 13 %

CODE SAQ
00223537

ACCORDS
Agencez ce beau bordeaux avec quelques côtelettes de porc grillées ainsi qu'avec une salade de quinoa et de lentilles toute simple, à la fleur de sel et au poivre moulu. Croyez-moi, ça sera impeccable !

RAPPORT QUALITÉ/PRIX/PLAISIR EXCEPTIONNEL.

Un peu plus loin dans ce livre, vous trouverez un autre rouge bordelais, le Château La Mothe du Barry, qui coûte moins de 15 $. Ce produit et le Sirius que je salue ici sont deux rouges de Bordeaux d'un rapport qualité/prix/plaisir tout simplement exceptionnel. Deux fioles qui ont été de bien belles révélations pendant le marathon de dégustation de cette 7e édition. Si vous consommez et collectionnez seulement des Crus Classés du Médoc ou des grands vins de Saint-Émilion, il serait important de ne pas avoir trop d'espérances, car n'oubliez pas qu'on parle ici d'un rouge d'entrée de gamme. Ce tout à fait recommandable Sirius coûtait dans le passé tout près de 15 $, mais à la suite des baisses de prix de 2016 et de 2017 à la SAQ, le voici à moins de 13 douilles.

Le vin se présente sous une belle couleur rouge rubis qui invite fortement à la dégustation. L'olfactif libère des émanations de figues, de fruits cuits, de sucre brun… L'attaque en bouche est très agréable, les tanins sont présents, mais pas agressants ni trop puissants. Il sera selon moi tout simplement impossible de trouver un meilleur rouge de la zone viticole bordelaise à moins de 13 $ sur notre marché. Un petit bijou qui plaira à de nombreuses papilles !

DANS LA MÊME LIGNÉE :
Cabernet de Cabernet
Paul Mas
CODE SAQ : 11676381
PRIX : 12,55 $

3 760040 431796

Château La Lieue 2015

13,25 $

ORIGINE
Coteaux Varois en Provence - Provence - France

CÉPAGES
Grenache - syrah - cabernet sauvignon - carignan - mourvèdre

À SERVIR À
15-16 °C

CARAFE
-

À BOIRE AVANT
2021-2022

SUCRE ET ALCOOL
2,5 g/l et 13 %

CODE SAQ
00605287

ACCORDS
Une focaccia ou une pizza fine bien garnie d'olives noires, d'herbes de Provence, mouillée d'huile d'olive... ? Miam, oui ! Le chant des cigales, un verre de pastis, les parties de pétanque dans les parcs, la sieste l'après-midi... Je t'aime, Provence !

En plein tournage avec le Chef Ricardo Larrivée.

SÉDUISANTES SAVEURS DU MIDI.

Les «rencontres-conférences» et les «dégustations-échanges» qu'on a la chance de faire, semaine après semaine, sont une des plus belles facettes du métier de «marchand de bonheur». Il est très enrichissant d'échanger autour d'une bouteille de vin avec l'artisan, le vigneron, le jardinier, bref avec les personnes qui ont façonné les vignes et mis en bouteille le «jus» qu'on a dans son verre! On ne voit plus jamais le vin de la même façon après avoir bavardé avec ceux qui l'ont élaboré. Vous aurez un respect total pour le travail d'un vigneron dévoué, minutieux et intuitif. C'est tout un boulot, et ça nécessite une solide dose d'implication. Il ne faut pas compter les heures de travail et il faut aimer le nectar de Bacchus en ciboulot pour en fabriquer! Tout ça pour vous dire que si vous avez la chance de rencontrer le jeune et solidement allumé Julien Vial, qui élabore les vins au Château La Lieue, chez lui dans le sud de la France ou lors d'un événement-vin, vous allez en apprendre beaucoup! L'œnologue provençal ne se casse pas la tête et mise sur 15 ou 20 cuvées, dont seulement trois sont disponibles chez nous. C'est simple comme bonjour (comme *Salut, Bonjour!*) : nous avons sur les tablettes, tout au long de l'année, un blanc (18,15$), un rosé (17,45$) et ce rouge. Rien ne fait défaut, les trois sont *top notch*.

Nous avons dégusté ce nouveau millésime 2015 au printemps 2017, et quelle belle surprise ce fut! Autant sur le plan de la qualité du fruit que du «maigre» 13$ qu'il coûte! Il est nettement plus soutenu, coloré, structuré, musclé et tannique que dans les récoltes précédentes. Ça reste par contre un rouge qui se boit sans trop se poser de questions. Digestibilité, fraîcheur et séduisantes saveurs du Midi de la France… C'est bio, et c'est fort bon!

ROUGE

DANS LA MÊME LIGNÉE :
Blés
Dominio de Aranleón
CODE SAQ : 10856427
PRIX : 14,40$

8 437004 254030

5 604123 001101

Flor de Crasto Quinta do Crasto 2015

13,55 $

ORIGINE
Douro - Portugal

CÉPAGES
Tinta roriz - touriga francesa - touriga nacional

À SERVIR À
15-16 °C

CARAFE
-

À BOIRE AVANT
2019-2020

SUCRE ET ALCOOL
2,1 g/l et 13,5 %

CODE SAQ
10838579

ACCORDS
Jumelez-le avec une assiette de cannellonis à la viande en sauce tomate ou avec des empenadas bien garnis de bœuf haché, de tomate, d'olives noires, d'herbes fraîches, et vous ne serez pas déçu.

PETIT BIJOU !

Au cours de la dernière décennie, les vins disponibles chez nous en provenance de la splendide vallée du Douro nous ont vraiment prouvé leur qualité irréprochable, et ce, autant en rouge qu'en blanc. Cette zone était connue et surtout très réputée pour ses vins mutés (les portos), mais depuis quelques années, elle nous envoie des vins secs vraiment délicieux. Il faut savoir que la plupart des producteurs de portos élaborent également des vins non mutés. C'est le cas du domaine Quinta do Crasto qui vinifie des portos extrêmement recherchés, mais aussi des cuvées sans sucre, comme ce Flor de Crasto, petit bijou pas cher, à ne pas manquer !

Cet assemblage de cépages portugais en surprendra plus d'un en dégustation ! Ce n'est pas le vin le plus parfumé qui soit, mais en le servant assez frais et dans un verre approprié, vous profiterez de ses charmants parfums de cendre, de fumée, de cheminée froide et de fruit bien mûr. Le gustatif est agréable, juteux et passablement gourmand, et le vin pourrait faire un solide pied de nez à bien des flacons coûtant 4-5 $ de plus. Pour accentuer le plaisir et l'émotion, vous trouverez sur les tablettes de notre monopole d'autres très belles cuvées de plus haut de gamme de ce top producteur du Portugal septentrional.

ROUGE

DANS LA MÊME LIGNÉE :

Contos da Terra

Quinta do Pôpa

CODE SAQ : 13073065

PRIX : 15,35 $

5 604742 000349

8 437005 284371

Reserva Esteban Martín 2011

13,55 $

ORIGINE
Cariñena - Aragon - Espagne

CÉPAGES
Cabernet sauvignon - grenache

À SERVIR À
15-16 °C

CARAFE
-

À BOIRE AVANT
2018-2019

SUCRE ET ALCOOL
2,6 g/l et 14,5 %

CODE SAQ
12990460

ACCORDS
Des plats simples et faciles à préparer comme des côtelettes de porc, une escalope de veau parmigiana ou un gros sandwich BLT. Gardez vos recettes de haute voltige pour les vins plus dispendieux qui figurent plus loin dans ce livre.

PLAISANT ET AGRÉABLE.

La grande région viticole de l'Aragon, dans le nord-est de l'Espagne, comporte quatre appellations d'origine : Campo de Borja, Somontano, Calatayud et Cariñena. Ces zones ne jouissent pas de la réputation de la Rioja, du Priorat ou du Ribera del Duero, et c'est d'ailleurs pourquoi, entre autres, on y trouve des vins à tout petit prix. Localement, des centaines de cuvées coûtent de 2 à 5 € et sont disponibles chez nous pour 10 à 15 $. Les vins issus de ces « terroirs à rabais » sont d'excellents choix pour les débuts de semaine ou les réceptions.

Le cabernet et le grenache se retrouvent à parts égales dans cet assemblage que nous avons dégusté pour la toute première fois en avril 2017. Comme les vignes sont plantées en altitude (environ 500 mètres au-dessus du niveau de la mer), on dénote une certaine fraîcheur dans le vin. Celui-ci est plaisant et agréable, et la cuvée 2011 se ménage une place dans notre guide grâce à ses côtés épicé et boisé.

DANS LA MÊME LIGNÉE :

Le Focaie

Rocca di Montemassi

CODE SAQ : 11184968

PRIX : 14,55 $

8 002235 023313

Syrah Cusumano 2015

13,55 $

ORIGINE
Sicile - Italie

CÉPAGE
Syrah

À SERVIR À
15-16 °C

CARAFE :
-

À BOIRE AVANT
2019-2020

SUCRE ET ALCOOL
2,7 g/l et 14 %

CODE SAQ
10960777

ACCORDS
Des côtes levées (*spare ribs*) bien juteuses en sauce barbecue et un bol de riz chinois feront assurément un tabac sur cette joufflue et gourmande syrah sicilienne dont les côtés fumé et poivré bonifieront votre plat.

DE L'ÉCLAT ET DE LA VIE SOUS LE BOUCHON.

Quand on parle de vins italiens, on pense tout de suite aux chiantis de la Toscane, aux amarones de la Vénétie, aux montepulcianos des Abruzzes, aux barolos du Piémont, mais également aux excellents rouges du terroir sicilien. Depuis quelques années, nous avons accès à des dizaines de syrahs issues de la Sicile, cette enivrante île méditerranéenne de l'Italie méridionale. Le climat sec, chaud, venteux et les nombreuses heures d'ensoleillement en font un endroit fort propice à la culture de la vigne. Donc, bien au-delà du marsala, un vin muté connu mondialement, cette splendide île nous propose des vins blancs et rouges qui raviront des tonnes de dégustateurs.

Cette bouteille comporte un bouchon en verre réutilisable. La couleur rouge cerise est dense et très foncée. Le nez est ouvert et l'expression aromatique, fort charmante. Cerise, réglisse, fraise, grenadine, jus de canneberge… Les tanins sont présents et bien ramassés. Il y a de la matière, de l'éclat et de la vie sous le bouchon. Disons que vous en aurez plein les narines et plein la bouche ! La version en blanc, baptisée Angimbé, au même prix, mérite également très bien sa place dans votre verre à dégustation.

ROUGE

DANS LA MÊME LIGNÉE :
Les Traverses
Paul Jaboulet
CODE SAQ : 00543934
PRIX : 14,25 $
3 105714 450152

Sauló
Espelt 2015

14,30 $

ORIGINE
Empordà - Catalogne - Espagne

CÉPAGES
Grenache - carignan

À SERVIR À
15-16 °C

CARAFE
-

À BOIRE AVANT
2018-2019

SUCRE ET ALCOOL
2,6 g/l et 14,5 %

CODE SAQ
10856241

ACCORDS
Mettez de la couleur dans vos 5 à 7 BBQ et accompagnez vos brochettes de porc, de bœuf ou d'agneau avec cette bonne fiole hispanique !

0 805109 445031

FUMÉ, ÉPICÉ, BIEN MÛR.

On rêve tous d'avoir un petit pied à terre dans la magnifique ville de Barcelone, sur la côte est de l'Espagne, tout près de la mer Méditerranée ! Une grande ville qui bouge le jour comme la nuit, des monuments historiques tout simplement superbes, des centaines de restaurants et de cafés-terrasses aux quatre coins de la métropole, un port digne des plus belles villes du monde. Et, en plus de tout ça, l'accès à des centaines de vignobles à moins de deux ou trois heures de route. Par exemple, à une heure à l'ouest de Barcelone, vous pourriez vous rendre à Vilafranca del Penedès pour y visiter Torres, Parés Baltà ou même Juvé Y Camps. À environ 150 km au nord-est de Barcelone, près de la frontière française, vous pourriez visiter le domaine Espelt, en appellation Empordà. En attendant votre prochaine virée en sol ibérique, faites un voyage virtuel en classe économique avec ce joli rouge à petit prix !

Ce 2015 dépasse tous les millésimes de ce produit que j'ai analysés à ce jour ! C'est fumé, épicé, bien mûr et plus chargé de fraîcheur que par le passé. Le vin possède un olfactif au profil un peu empyreumatique (toast brûlée, cheminée refroidie). On goûte un vin fait de raisins qui ont grandement profité du beau et chaud soleil de cette région au climat méditerranéen extrêmement favorable. C'est goûteux, c'est gourmand et bien bon. Tout à fait surprenant et fort recommandable comme vin rouge à moins de 15 $.

ROUGE

DANS LA MÊME LIGNÉE :
Luzon
CODE SAQ : 10858158
PRIX : 14,80 $

8 436005 760014

Terres de Méditerranée Dupéré Barrera 2015

14,30 $

ORIGINE
Pays d'Oc – Languedoc-Roussillon - France

CÉPAGES
Cabernet sauvignon - grenache - syrah - carignan

À SERVIR À
15-16 °C

CARAFE
-

À BOIRE AVANT
2020-2021

SUCRE ET ALCOOL
2,2 g/l et 13,5 %

CODE SAQ
10507104

ACCORDS
Ne vous cassez pas trop le coco avec de rocambolesques harmonies mets-vins et jouez-la en toute simplicité en préparant quelques mini-burgers ou des brochettes de bœuf bien garnies d'oignons et de poivrons multicolores.

PARFUMS ENIVRANTS ET FLAVEURS MÉRIDIONALES.

Aimez-vous les belles histoires d'amour? En voici une petite pour vous! Retournons à la fin des années 1980 et parlons d'une jeune fille de Sainte-Foy, jeune adolescente du nom d'Emmanuelle Dupéré, artiste de théâtre amateur qui adore la scène. Elle pratique sa passion dans les salles de spectacle de la région de Québec. Puis, en 1989, un Marseillais, Laurent Barrera, de passage dans la Belle Province, rencontre cette charmante jeune dame pour la première fois dans un des lieux les plus romantiques qui soient, le théâtre Petit Champlain. C'est le coup de foudre et le prince charmant provençal séduit la belle Québécoise au point de l'emmener dans le sud de la France avec lui. Tous deux élaborent leur premier vin lors de la récolte de 2001. Dix-sept ans plus tard, le dynamique duo franco-québécois fait le beau temps en nous livrant des cuvées bourrées de personnalité et de caractère.

Ce Terres de Méditerranée est leur vin le plus abordable, mais il ne manque pas de «punch» et d'aplomb pour autant! Ce 2015 est d'ailleurs selon moi le plus réussi et épanoui que j'ai dégusté à ce jour. Parfums enivrants, bouche bien garnie, flaveurs méridionales, profil tout à fait méditerranéen. Quatre cépages se partagent l'assemblage au nez d'épices à cuisson, de poivre long et de romarin. Bref, autant à l'olfactif qu'au gustatif, le vin est étonnamment complexe pour ces «maigres» 14 $. Sautez là-dessus, les amis!

DANS LA MÊME LIGNÉE:
Héritages
Ogier
CODE SAQ: 00535849
PRIX: 14,45 $

0 714320 135006

The Wolftrap Boekenhoutskloof 2016

14,45 $

ORIGINE
Western Cape - Afrique du Sud

CÉPAGES
Syrah - mourvèdre - viognier

À SERVIR À
15-16 °C

CARAFE
-

À BOIRE AVANT
2019 -2020

SUCRE ET ALCOOL
3,8 g/l et 14,5 %

CODE SAQ
10678464

ACCORDS
Un gyros (sandwich d'inspiration grecque) lui conviendra fort bien. Mettez tranches d'agneau, lanières d'oignon rouge, olives noires, tomates fraîches, concombre, coriandre et tzatziki dans un pita, et le tour est joué ! Sinon, il sera parfait pour vos soirées de sportifs de salon, avec les copains, à manger du *finger food* devant le plasma !

THYM, LAURIER, POIVRE, ROMARIN, LAVANDE.

Sur les plans des paysages, de la gastronomie et de la culture en général, la virée que nous avons effectuée en Afrique du Sud fut tout simplement mémorable ! Nous y avons visité plus d'une vingtaine de domaines en neuf jours. Parmi les plus marquants, citons Kanonkop, L'Avenir de Laroche, Klein Constantia, Ken Forrester, Bouchard Finlayson, Newton Johnson, Rust en Vrede, Boekenhoutskloof… Sans y avoir mis le pied, j'ai également goûté d'excellents vins mis en bouteille par Adi Badenhorst. Ce magnifique pays de l'hémisphère Sud cumule plus de 350 ans d'histoire viticole. Les cépages qui y produisent les résultats les plus convaincants sont selon moi le sauvignon blanc, la syrah, le chenin blanc et le cabernet sauvignon.

Alors, ce Wolftrap, est-il bon ? D'entrée de jeu, il faut savoir qu'il n'y a pas de loups dans les montagnes autour du village de Franschhoek, en Afrique du Sud. Selon l'œnologue du vignoble Boekenhoutskloof, certains paysans se faisaient voler des poules et d'autres petits animaux de ferme à l'époque. Comme les loups ont « le dos large », ils furent montrés du doigt. Les habitants installèrent donc des pièges à loup dans les montagnes, mais aucun ne fut jamais capturé. Pour en revenir au vin, oui, il est très bon cette année ! En fait, il nous a paru plus réussi qu'auparavant. Loin des sensations capiteuses et d'une certaine lourdeur gustative qui m'ont marqué dans le passé, ce 2016 est impeccable. À moins de 15 $, je vous suggère d'en allonger deux ou trois bouteilles dans votre cellier. Arômes épicés, profil sudiste, passablement charnu et gourmand à souhait. Le thym, les feuilles de laurier, le poivre long, le romarin et la lavande se sont donné rendez-vous à l'olfactif. Une belle balade en classe économique tout près de la capitale parlementaire sud-africaine.

ROUGE

DANS LA MÊME LIGNÉE :

Artazuri

Artadi

CODE SAQ : 10902841

PRIX : 15,20 $

0 877397 002012

3 760027 482117

Château La Mothe du Barry 2015

14,55 $

ORIGINE
Bordeaux Supérieur - Bordeaux - France

CÉPAGE
Merlot

À SERVIR À
16-17 °C

CARAFE
-

À BOIRE AVANT
2020-2021

SUCRE ET ALCOOL
0,4 g/l et 13,5 %

CODE SAQ
10865307

ACCORDS
Une trilogie de mini-burgers au bœuf, au porc ou à l'agneau, bien garnis de poivrons, de fromage charlevoisien, de champignons poêlés, d'oignons caramélisés et de ketchup maison, seront parfaits pour ce vin. Il accompagnera aussi très bien un bon cipaille traditionnel.

En plein cœur de l'action au Festival des vins de Saguenay.

SANS RIVAL !

Ça fait des lunes que de nombreux chroniqueurs vin le disent : « Il manque de bons rouges de Bordeaux à moins de 15-20 $ sur notre marché ! » Parmi eux, on peut citer le Sirius de la maison Sichel, qui a fait belle figure dans cette gamme de prix lors des bons millésimes bordelais tels 2005, 2010, 2011. Mention honorable aussi à la belle bouteille que je vous présente ici, signée du Château La Mothe du Barry en appellation Bordeaux Supérieur, qui, pour seulement deux douilles de plus, est absolument réjouissante ! Les millésimes précédents, que j'ai eu la chance de goûter, n'étaient vraiment pas à la hauteur de ce 2015 qui fut un millésime splendide un peu partout en France. Voici donc le vin rouge parfait pour ceux qui font leurs premiers pas en dégustation dans un des plus prestigieux terroirs de la planète vin : Bordeaux !

La couleur trahit la jeunesse du produit. Le vin est d'une brillante coloration rouge cerise hyper-invitante. Le nez a une belle expression aromatique qui s'ouvre sur des effluves de crayon de plomb, de copeaux de bois, de cerise confite et de cuir même ! On aime sa bouche gourmande, joufflue, passablement tannique et particulièrement fraîche. Honnêtement, on n'a jamais goûté un si bon rouge bordelais à moins de 15 $ à la SAQ ! Tout simplement sans rival !

DANS LA MÊME LIGNÉE :
Château Puyfromage
CODE SAQ : 00033605
PRIX : 16,30 $

3 505290 101941

3 760086 380027

Château Puy-Landry 2014

14,90 $

ORIGINE
Côtes de Castillon - Bordeaux - France

CÉPAGES
Merlot - cabernet franc - cabernet sauvignon

À SERVIR À
16-17 °C

CARAFE
-

À BOIRE AVANT
2020-2021

SUCRE ET ALCOOL
1,8 g/l et 12,5 %

CODE SAQ
00852129

ACCORDS
C'est en plein le temps de penser à un braisé de bœuf au vin rouge ou à un rôti de palette à la mijoteuse bien garni de légumes-racines. Du *comfort food* et un vin réconfortant, ça fait un super duo !

IMPECCABLE !

Je suis le premier à affirmer depuis plus d'une quinzaine d'années que quand on en veut pour son 15 ou 20 $ en matière de vin rouge, il faut se diriger vers les deux pays de la péninsule ibérique (Espagne et Portugal), le Languedoc ou l'Argentine, qui nous livrent des rapports qualité/prix quasi imbattables. Pour le même prix, on peut généralement oublier les grandes émotions si on se tourne vers la Bourgogne, la Californie ou même le Bordelais. Mais le bordeaux que je vous présente ici est une bien belle exception, car à moins de 15 $, il s'agit d'un bien beau *vino* !

Le premier mot qui nous est venu en tête en le goûtant (et en tenant compte de son petit prix !), c'est : impeccable ! Il est vraiment plus tannique, plus soutenu, plus goûteux et plus parfumé que dans les millésimes précédents. Il est issu d'une culture bio et on apprécie un produit « vivant » qui a un fruité éclatant. Il n'a ni l'air ni la chanson d'un Mouton Rothschild, d'un Pétrus ou d'un Château Margaux, mais je vous mets au défi de dénicher deux ou trois rouges bordelais, à moins 15 $, plus satisfaisants que ce Château Puy-Landry de la famille Moro. Encore une fois, impeccable !

ROUGE

DANS LA MÊME LIGNÉE :
Château Suau
CODE SAQ : 10395149
PRIX : 16,50 $

3 371231 975038

Elise Moulin de Gassac, Daumas Gassac 2015

14,95 $

ORIGINE
Hérault - Languedoc-Roussillon - France

CÉPAGES
Merlot - syrah

À SERVIR À
15-16 °C

CARAFE
-

À BOIRE AVANT
2019-2020

SUCRE ET ALCOOL
2 g/l et 13,5 %

CODE SAQ
00602839

ACCORDS
Une pizza aux merguez s'alliera très bien avec ce flacon du département de l'Hérault. Mais aussi quelques pointes de focaccia maison ou des cannellonis en sauce tomate.

3 257698 303105

LE FRUIT VOLE LA VEDETTE !

Signée par la famille Guibert, bien connue dans le sud de la France, cette cuvée est faite de vieilles vignes de deux cépages internationaux, le merlot et la syrah. La famille dirige le domaine Mas de Daumas Gassac, rendu célèbre mondialement grâce au regretté Aimé Guibert. Sans avoir la profondeur, l'ampleur, le caractère ni l'âme des vins de Daumas Gassac, cette cuvée Élise du Moulin de Gassac s'avère tout à fait honnête et vachement recommandable pour son petit prix. En fait, je déguste ce vin depuis une quinzaine d'années et il ne m'a jamais paru si épanoui. Disons que la cueillette de 2015 lui va à ravir et que le vin est en grande forme !

C'est certainement le fruit ici qui vole la vedette ! Rien n'est trop extrait et/ou trop concentré. Une belle manière de découvrir ce cru réputé du Languedoc avec ses arômes de fleurs blanches et de fruits rouges. L'assemblage est simple, sans immenses vertus ni promesses que le vin ne pourrait de toute façon pas tenir. Ceux qui voudraient augmenter le plaisir et l'émotion devraient débourser 55,25 $ pour le Mas de Daumas Gassac, et si votre oncle est Bill Gates, vous devriez vous tremper les lèvres un jour dans un verre de la mythique cuvée Émile Peynaud du même producteur. Une fiole d'anthologie coûtant 290 douilles… Pas pour une caisse, pour une bouteille !

ROUGE

DANS LA MÊME LIGNÉE :
Les Émirs
Clos St-Thomas
CODE SAQ : 00927822
PRIX : 16,65 $

5 281108 010046

0 618109 447512

Barone Ricasoli 2015

15,55 $

ORIGINE
Chianti - Toscane - Italie

CÉPAGES
Sangiovese - merlot

À SERVIR À
16-17 °C

CARAFE
-

À BOIRE AVANT
2019-2020

SUCRE ET ALCOOL
4,5 g/l et 13 %

CODE SAQ
13188858

ACCORDS
Vos pizzas de fin de soirée seront vachement bien honorées si vous les accompagnez de ce joli et réussi rouge du Chianti. Simple mais efficace, tout comme vos nachos avec tomate, fromage et olives, ou de bonnes ailes de poulet.

À CE PRIX, IL EST IMBATTABLE.

Le baron Francisco Ricasoli représente la 32e génération de cette dynastie de vignerons qui règne en sol toscan depuis plusieurs siècles. M. Ricasoli est de passage au Québec presque tous les ans. Malgré son prestigieux statut, les centaines d'hectares de vignes et les différentes propriétés qu'il possède, l'homme reste simple, accessible, rigolo et sans la moindre goutte de prétention. C'est d'ailleurs en sa présence que j'ai eu la chance de déguster un des plus vieux vins rouges de ma vie. C'était un Brolio Rosso du Castello di Brolio, dans le Chianti, du millésime 1927. À pas moins de 89 ans, le flacon tenait encore bien la route. Disons qu'il n'aurait pas fallu l'oublier un autre 15 ou 20 ans en cave, mais celui-ci n'était pas encore à bout de souffle. Je vais me souvenir de ce merveilleux moment passé avec le baron et Mathieu, mon collaborateur, pour le restant de mes jours. Merci, la vie !

On s'entend : le chianti que je salue ici n'est pas fait pour être relégué aux oubliettes pendant huit ou neuf décennies… En fait, il sera important de lui tirer le bouchon dans les deux ou trois prochaines années pour profiter pleinement de sa vigueur, de son fruit, de son éclat et de sa fraîcheur. C'est le meilleur chianti à moins de 15-16 $ que nous avons goûté depuis fort longtemps. Plus de matière, plus d'« épaules », plus de générosité, plus de profondeur… Le fruit de la superbe récolte de 2015 aurait-il quelque chose à voir là-dedans ? Probablement ! Bref, nous ne sommes quand même pas en présence d'un divin et délectable vin de l'appellation Chianti Classico Riserva, mais, pour le prix, il est tout simplement imbattable.

ROUGE

DANS LA MÊME LIGNÉE :
Fontela
Girelli
CODE SAQ : 10382081
PRIX : 14,45 $

8 003545 000421

5 603196 002534

Reserva Castelinho 2012

15,90 $

ORIGINE
Douro - Portugal

CÉPAGES
Touriga nacional - touriga francesa - tinta roriz - tinta barroca

À SERVIR À
16 °C

CARAFE
-

À BOIRE AVANT
2018-2019

SUCRE ET ALCOOL
2,2 g/l et 13,5 %

CODE SAQ
11115073

ACCORDS
L'excellente recette de cipaille de ma défunte belle-maman, Réjeanne, aurait fait un malheur sur cette quille portugaise… Tourtière, cassoulet, paëlla, pâté mexicain et ragoût lui seront également en bonne harmonie en raison du côté chaleureux des cépages portugais.

SON BOUQUET RAPPELLE LE PORTO.

On me demande souvent combien de temps on peut conserver une bouteille une fois qu'elle est ouverte. Ça dépend de quelques facteurs. D'abord, l'âge de la bouteille : habituellement, un vieux millésime tournera au vinaigre plus rapidement qu'un jeune vin. Ensuite, le ou les cépages utilisés peuvent avoir un effet sur la conservation. Par exemple, un vin rouge fait de grenache sera à bout de souffle et pratiquement imbuvable le lendemain de son ouverture, alors qu'un blanc fait de sauvignon, oublié une ou deux semaines dans la porte du frigo, n'aura pratiquement par perdu ses vertus. Il faut aussi tenir compte des méthodes de vinification du vigneron. Le vin a-t-il été élevé en barrique pendant quelques mois et/ou en cuve d'inox? Bref, ça ne s'explique pas en deux mots, mais je vous en parle parce que le vin que je salue ici est hyper-oxydatif. Moins d'une dizaine d'heures après son ouverture, il sera oxydé et pas plaisant du tout en dégustation. Par contre, n'ayez crainte, car il est tellement agréable que vous devriez voir le fond de la bouteille assez rapidement avec de bons amis autour de la table !

Son bouquet n'est pas sans rappeler celui du célèbre vin muté du Portugal septentrional, le porto. C'est tout à fait normal, puisqu'il est fait avec les mêmes cépages, dans la même région et par un producteur qui élabore également du porto. Des notes de raisins secs, de figues, de pruneaux et de sucre brun se sont donné rendez-vous à l'olfactif, et la bouche est étonnamment complexe. Son acidité n'est pas très présente et le vin a déjà 5-6 ans. C'est entre autres pour cette raison qu'il s'agit d'un produit passablement oxydatif. Terminez la bouteille dans les heures suivant son ouverture et vous ne serez pas déçu.

ROUGE

DANS LA MÊME LIGNÉE :
Quinta dos Roques
CODE SAQ : 00744805
PRIX : 15,55 $

5 603792 001399

Ortas Tradition Cave de Rasteau 2015

15,95 $

ORIGINE
Rasteau - Rhône - France

CÉPAGES
Grenache - syrah - mourvèdre - carignan

À SERVIR À
15-16 °C

CARAFE
-

À BOIRE AVANT
2020-2021

SUCRE ET ALCOOL
2,2 g/l et 14,5 %

CODE SAQ
00113407

ACCORDS
Vos petits plats de semaine seront bien «pimpés» si vous les accompagnez de cette quille rhodanienne et d'une parfumée focaccia bien garnie d'olives noires et d'herbes provençales. La pizza grecque serait elle aussi tout indiquée.

0 089806 011540

GOÛTEUX, ÉPICÉ ET PLEIN DE VIE !

L'édition 2018 de notre guide aura sûrement été la plus facile sur le plan de la sélection des vins, puisque de nombreux flacons européens de l'année 2015 garnissent nos tablettes depuis un an. Le millésime est superbe en France, mais également dans de nombreuses zones viticoles d'Italie, d'Espagne et du Portugal. Vous trouverez donc dans les pages de ce livre une pléthore de cuvées issues de cette splendide récolte. Ce cru des Côtes du Rhône en témoigne, car il est plus fourni et défini que jamais ! Il se décline en deux versions à la SAQ : cette cuvée Tradition ; et la cuvée Prestige à 22,35 $. Cette dernière est faite de vieilles vignes de grenache noir, de syrah et de mourvèdre. Un « GSM », comme l'inscrivent fréquemment les vignerons australiens.

Voilà un produit fort généreux fait de cépages qui ont profité d'un été sous le signe du soleil. Les 14,5 % d'alcool ne rendent pas le vin lourdaud, massif ou imposant du tout en bouche. C'est bien goûteux, épicé et plein de vie ! Pas besoin d'être un très grand connaisseur pour s'apercevoir que le produit est une très belle réussite. Vos papilles vous le confirmeront en moins de deux, car c'est fort bon et peut-être même… pas assez cher… Chuttt !!!

ROUGE

DANS LA MÊME LIGNÉE :

Ventoux

Jérôme Quiot

CODE SAQ : 10259788

PRIX : 15,60 $

3 345120 613196

Tradition Château de Gaudou 2015

15,95 $

ORIGINE
Cahors - Sud-Ouest - France

CÉPAGES
Malbec - merlot - tannat

À SERVIR À
16-17 °C

CARAFE
30-40 minutes

À BOIRE AVANT
2023-2024

SUCRE ET ALCOOL
1,6 g/l et 12,5 %

CODE SAQ
00919324

ACCORDS
Les classiques livres d'harmonisations mets-vins vous diraient d'y aller avec un accord régional et de le servir avec un bon cassoulet. Plus près de chez nous, je vous propose de le jumeler à des recettes de gros gibiers à poil des forêts québécoises. On peut aussi le servir avec un magret de canard laqué à l'érable.

Philippe en compagnie du réputé sommelier Ghislain Caron.

POUR LE GROS GIBIER.

L'automne tire à sa fin et la saison froide est à nos portes. C'est alors que des amis, chasseurs de gros gibiers, nous invitent à un agréable souper autour d'une fondue bourguignonne de cubes d'orignal, de côtes de cerf grillées ou même de filets mignons de caribou. On fouille dans sa réserve en se demandant quelle quille de rouge apporter. Ce qu'il faut, c'est un cru aux épaules passablement musclées, doté d'une bonne assise tannique et de flaveurs intenses et affirmées. Un goûteux cabernet du Golden State, un profond malbec argentin, une envoûtante cuvée du Priorat en Catalogne, un puissant tannat du Madiran, un généreux amarone de Vénétie… Mais vous pourrez également miser sur une valeur sûre qui fera plaisir aux convives : un classique et tellement réconfortant rouge de Cahors.

Fidèle aux vins de cette appellation très connue du sud-ouest de la France, celui-ci est foncé, car le malbec (80 % de l'assemblage) est un cépage fort teinturier. Arômes de mine de crayon, de feutre, de cerise… C'est vachement séduisant au nez après une bonne demi-heure d'aération en carafe. La masse de fruit est tout sauf lourde et encombrante. Aimeriez-vous doubler votre plaisir ? Surveillez les arrivages de ce vin en format magnum (1,5 litre) qui ne coûte même pas 30 $ à la SAQ.

DANS LA MÊME LIGNÉE :

Pure

Trapiche

CODE SAQ : 12823397

PRIX : 16,60 $

7 790240 094442

Riserva Rocca delle Macìe 2013

16,00 $

ORIGINE
Chianti - Toscane - Italie

CÉPAGES
Sangiovese - cabernet sauvignon - merlot

À SERVIR À
16-17 °C

CARAFE
-

À BOIRE AVANT
2019-2020

SUCRE ET ALCOOL
2,4 g/l et 13,5 %

CODE SAQ
12989750

ACCORDS
On peut facilement imaginer une symbiose entre un duo pizza-ghetti maison et un verre de ce *vino italiano*. Une harmonie régionale toute simple, mais ô combien efficace !

ARÔMES DE FRUITS À NOYAU, DE BLEUETS ET DE FRAISES.

Pour être franc avec vous, si un copain du vin m'avait servi ce flacon en dégustation à l'anonyme, je n'aurais pas deviné que nous étions en présence d'un chianti de la magnifique Toscane. Les vins en appellation Chianti ou Chianti Classico sont toujours rouges et principalement issus du cépage sangiovese. Je serais tombé dans le panneau, puisque je n'aurais pas pensé qu'il s'agissait d'une cuvée faite de cette variété de raisin. En fait, ce nouveau vin de la maison Rocca delle Macìe possède une signature quelque peu Nouveau Monde, car il est mûr, boisé et fort bavard à l'olfactif. Par contre, ne croyez surtout pas qu'il est ultramoderne, sans âme et surextrait, le genre qui ne durerait pas en bouche. Il y a là de la fraîcheur, et, servi à la température adéquate, il vous fera honneur devant la grande visite du samedi soir.

Le look de la bouteille est également moderne. Vous y humerez des arômes de fruits à noyau, mais aussi de bleuets et de fraises bien mûres. Même si le millésime 2013 a été assez problématique lors de la vendange de septembre, de nombreux produits, comme celui-ci, possèdent des tanins souples et aucunement agressifs. Honnêtement, je vous mets au défi de dégoter un plus satisfaisant et aussi réussi Chianti Riserva à moins de 15-16 $ en magasin ! Par contre, ne l'oubliez pas plus de 2-3 ans dans votre réserve personnelle. Conseil d'ami.

ROUGE

DANS LA MÊME LIGNÉE :

Toscana Rosso

Sélection Chartier

CODE SAQ : 12068109

PRIX : 18,70 $

0 814299 000029

La Sauvageonne Gérard Bertrand 2013

16,05 $

ORIGINE
Languedoc - Languedoc-Roussillon - France

CÉPAGES
Grenache - syrah

À SERVIR À
16 °C

CARAFE
-

À BOIRE AVANT
2018-2019

SUCRE ET ALCOOL
2,4 g/l et 14 %

CODE SAQ
00914200

ACCORDS
Jumelez-le avec une classique brochette de cubes de bœuf ou d'agneau et sa papillote bien garnie de poivrons, d'oignons, de carottes et de pommes de terre, et vous aurez là un trio d'enfer !

JUTEUX, PULPEUX ET BIEN GOURMAND.

Il y a trois ou quatre ans, avec ma collègue et amie de TVA Ève-Marie Lortie, nous sommes allés faire un tournage dans le sud de la France. Notre premier arrêt s'est fait chez Gérard Bertrand, tout près de Narbonne. Le domaine principal de l'ex-joueur de rugby est situé en plein cœur de la superbe zone viticole, à quelques «parcelles» de la mer Méditerranée. En plus de posséder des dizaines d'hectares de vignes un peu partout dans le Languedoc, l'homme a une truffière. Nous avions d'ailleurs trouvé, avec l'aide de deux toutous et d'un homme d'expérience, quatre belles truffes noires. C'était génial! Évidemment, elles s'étaient retrouvées dans nos assiettes le soir même, un vrai régal!

Cette cuvée baptisée La Sauvageonne est un assemblage, à parts égales, de grenache et de syrah. Elle ne peut certainement pas renier ses origines, car le vin est hyper-représentatif de sa région de production et des cépages qui y prospèrent. Son profil méridional et méditerranéen est charmant et plaisant à souhait. C'est une bouteille au contenu juteux, pulpeux, bien gourmand, et au gustatif étonnamment fourni. On trouve aussi à la SAQ la cuvée Grand Terroir, du même producteur et du même millésime, pour un dollar de plus. Sautez là-dessus, les amis, car c'est fort bon et peu dispendieux pour une telle qualité!

ROUGE

DANS LA MÊME LIGNÉE:
Terrasses
Château Pesquié
CODE SAQ: 10255939
PRIX: 17,20$

3 760149 591032

0 776409 000230

Pinot Noir Château des Charmes 2012

16,15 $

ORIGINE
Péninsule du Niagara - Ontario - Canada

CÉPAGE
Pinot noir

À SERVIR À
15-16 °C

CARAFE
-

À BOIRE AVANT
2018-2019

SUCRE ET ALCOOL
1,8 g/l et 13 %

CODE SAQ
10745495

ACCORDS
Mettez de la couleur dans vos recettes végétariennes en lui servant des plats autour de la betterave, du tofu mouillé d'un trait de vinaigre balsamique, de la tomate, des poivrons… Un mariage bourré de fraîcheur, qui fera le bonheur de tous !

EFFLUVES DE SOUS-BOIS, CANNELLE ET CLOU DE GIROFLE.

La péninsule du Niagara est devenue en quelque sorte un lieu de pèlerinage annuel pour moi (voir *Pleins feux sur Niagara*, page 279). Au mois de mai, depuis plus de 15 ans, je m'y rends pendant quatre jours avec un groupe de voyageurs. Ils reviennent tous de cette virée la tête bien pleine de beaux souvenirs, mais aussi et surtout fort surpris par la qualité des produits que nous y dégustons. On trouve un peu plus de 125 vignobles et plus de 6500 hectares de vignes dans cette superbe zone viticole ontarienne. Je vous invite d'ailleurs à jeter un œil à la liste de mes vignobles coups de cœur, aux pages 279-280, pour préparer un petit voyage là-bas, qui serait absolument inoubliable.

Avant même de goûter cet agréable pinot noir, il faut prendre le temps d'apprécier son prix : il coûte moins de 17 $, ce qui est très rare pour un pinot de cette qualité. À l'œil, il offre une couleur pâle et au nez, des effluves de sous-bois, de cannelle, de clou de girofle et d'autres épices à cuisson. Le gustatif est quant à lui peu tannique, facile, souple et pourvu d'une belle fraîcheur. Dur de dénicher un meilleur vin rouge fait de pinot noir à un prix aussi honnête.

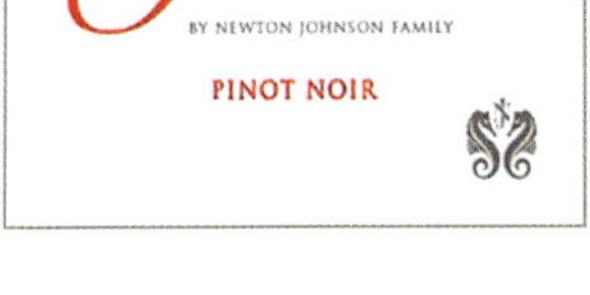

DANS LA MÊME LIGNÉE :
Felicité
Newton Johnson
CODE SAQ : 12556321
PRIX : 19,70 $

6 006379 000232

8 002153 995464

Burchino Castellani 2014

16,80 $

ORIGINE
Chianti Superiore - Toscane - Italie

CÉPAGES
Sangiovese - canaiolo - ciliegiolo

À SERVIR À
16 °C

CARAFE
-

À BOIRE AVANT
2019-2020

SUCRE ET ALCOOL
2,1 g/l et 12,5 %

CODE SAQ
00741272

ACCORDS
Un burger de veau haché bien garni d'oignons grillés, de relish maison, de tranches de tomate, de fromage Alfred Le Fermier, de poivrons rôtis et de mayonnaise à la coriandre. Ce serait totalement… «cochon»! On peut aussi le servir avec une escalope de veau parmigiana.

MODERNE ET UN BRIN ATYPIQUE.

Nos grands-parents buvaient du chianti, nos parents en buvaient, nous en buvons, et nos enfants boiront sûrement aussi du chianti. Cette appellation est aussi connue que Champagne, Bordeaux, Porto ou Chablis. On en trouve sur les cartes des vins de la plupart des restaurants, aux quatre coins du monde. Comme ailleurs, on fait du très bon vin, mais aussi du très mauvais dans cette magnifique zone viticole italienne. Il ne faut pas seulement être sur un bon terroir pour élaborer du bon vin : il faut travailler aux champs et au chai avec amour, passion et conviction.

Ce vin de Chianti Superiore n'est aucunement comparable aux fiasques entourées de paille des années 1960 et 1970. Vous vous souvenez ? Le vin que je vous présente ici n'est peut-être pas le rouge le plus représentatif des vins faits de sangiovese en Toscane. Pourquoi ? Parce qu'il est mûr, passablement riche et assez parfumé. Il sent le bois neuf, la boîte à cigares, la cannelle, le clou de girofle… Donc, oui, il possède un profil moderne et un brin atypique, mais il est bon et vraiment peu dispendieux. Ce 2014 est plus concentré, plus riche et complexe que l'an dernier. On se souvient que 2013 a été un millésime plus difficile en Toscane à cause, entre autres, des nombreuses journées pluvieuses de septembre, la période des vendanges là-bas.

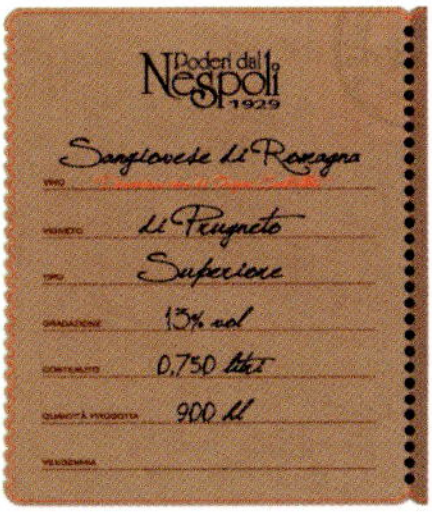

DANS LA MÊME LIGNÉE :
Prugneto
Nespoli
CODE SAQ : 11298404
PRIX : 18,55 $

8 000154 000019

Jeunes Vignes Domaine Thymiopoulos 2015

17,10 $

ORIGINE
Naoussa - Macédoine - Grèce

CÉPAGE
Xinomavro

À SERVIR À
15 °C

CARAFE
-

À BOIRE AVANT
2019-2020

SUCRE ET ALCOOL
2,3 g/l et 13,5 %

CODE SAQ
12212220

ACCORDS
Nous connaissons tous quelqu'un dans notre entourage qui maîtrise la classique recette du poulet au barbecue « farci » d'une canette de bière. Ce fort bon rouge grec sera parfait pour escorter cette volaille « enivrée » ! Ou servez-le avec une belle assiette de charcuteries et de terrines.

UN ROUGE GREC D'UNE FORT BELLE PERSONNALITÉ !

Avouons-le : tout le monde ne sera pas attiré par cette bouteille élaborée en Macédoine, dans le nord de ce magnifique pays qu'est la Grèce. Pourquoi ? D'entrée de jeu, la bouteille est plutôt *low profile* et loin des fioles qui affichent des animaux exotiques aux couleurs fluo, décorées d'une douzaine de médailles de tous les azimuts ! Et les mentions sur l'étiquette sont plutôt difficiles à prononcer. C'est un rouge issu du cépage indigène xinomavro (*xino* veut dire « acide » et *mavro*, « noir », donc foncé), de l'appellation Naoussa, et mis en bouteille par le jeune vigneron de top niveau Apostolos Thymiopoulos. Un vin difficile à épeler, mais combien facile à apprécier ! Alors, si, tout comme moi, vous êtes curieux, gourmand et en quête de découvertes dans l'assiette et dans le verre, foncez vers ce rouge grec doté d'une fort belle personnalité ! C'est fort différent de bien des produits connus à la SAQ, car le vin est authentique, un brin déstabilisant, rassasiant, mais aussi, et surtout, fort bon !

Il s'agit d'un rouge fait de pieds de vigne de 10-12 ans entièrement issus d'une culture en biodynamie. Si vos papilles frétillent pour les vins rouges du Jura ou de certains producteurs du Beaujolais, vous devriez fléchir du genou, car le vin a des airs de famille et des similitudes aromatiques et gustatives avec les vins de ces deux régions viticoles que j'adore ! Hyper-juteux, il possède une très belle sève en bouche, des tannins lisses mais présents, et une solide fraîcheur. Les buveurs de « kangourou » ou de *white zin* sucré devraient peut-être s'abstenir, car on n'est pas là du tout. Servez-le encore plus frais qu'à l'habitude en visant les 14 ou 15 °C. Un rouge des plus plaisants, à un prix tout aussi modeste que son vigneron.

ROUGE

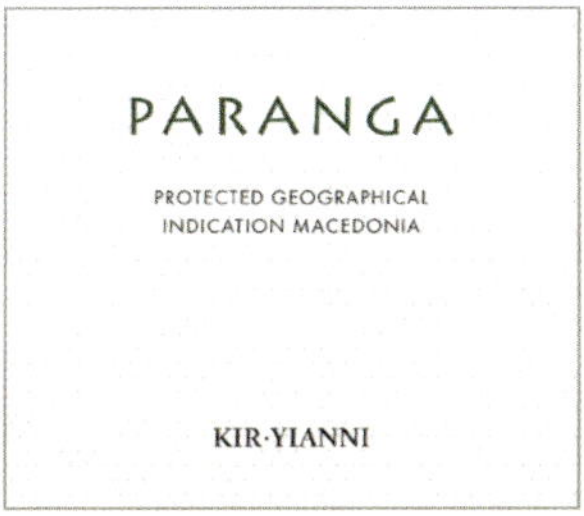

DANS LA MÊME LIGNÉE :
Paranga
Kir-Yianni
CODE SAQ : 11097418
PRIX : 14,50 $

5 203888 070027

Scabi San Valentino 2015

17,30 $

ORIGINE
Sangiovese di Romagna - Émilie-Romagne - Italie

CÉPAGE
Sangiovese

À SERVIR À
15-16 °C

CARAFE
-

À BOIRE AVANT
2019-2020

SUCRE ET ALCOOL
4,4 g/l et 14 %

CODE SAQ
11019831

ACCORDS
Une assiette de pâtes ou de la courge spaghetti bien arrosées d'une ou deux louches de sauce bolognaise lui conviendront parfaitement. *Viva Italia !*

JUTEUX, FRAIS, GOULEYANT À SOUHAIT.

Quand on pense à la région de l'Émilie-Romagne, on pense à son délicieux vinaigre balsamique, au fromage parmesan reggiano, à la sauce bolognaise, mais aussi au sangiovese, ce cépage rouge qui abonde aussi en Toscane. Seulement une vingtaine de vins rouges de l'Émilie-Romagne sont proposés sur nos tablettes, et le plus connu est sans équivoque le Liano, un best-seller de 26-27 $ qui s'est fait des milliers de disciples chez nous depuis une dizaine d'années. Parmi les frangins du même producteur, on trouve, entre autres, le Moma et le Yemula. Ils sont tous « garnis » de 10-12 grammes de sucre résiduel par litre, ce qui en fait des vins très « accessibles », si je peux m'exprimer ainsi. La cuvée Scabi que je présente ici est complètement à l'opposé de ces types de produits.

Ce vin fait exclusivement de sangiovese a une coloration rouge, brillante, hyper-violacée. Le nez a une bonne expression aromatique qui libère des notes de canneberge, de cassis, de framboise. C'est juteux, friand, super-frais, gouleyant à souhait et de bien « bonne descente ». Il est important de le mettre au frigo 30-40 minutes avant de le déguster pour bien lui faire honneur. Ne le comparez surtout pas avec une divine bouteille de l'appellation Chianti Classico Riserva de 5 ou 10 ans d'âge, mais laissez-vous plutôt séduire par sa fraîcheur et par son profil primaire et bien digeste.

DANS LA MÊME LIGNÉE :
Cuvée Amarante
Château Rouquette sur Mer
CODE SAQ : 00713263
PRIX : 18,65 $
3 438190 004015

Louis Latour 2013

17,45 $

ORIGINE
Bourgogne - France

CÉPAGES
Gamay - pinot noir

À SERVIR À
15 °C

CARAFE
-

À BOIRE AVANT
2019-2020

SUCRE ET ALCOOL
1,8 g/l et 13 %

CODE SAQ
11979242

ACCORDS
Accompagnez cette bonne bouteille de quelques filets de truite mouchetée ou arc-en-ciel et d'une vitaminée papillote de légumes du jardin cuite sur le barbecue, au chalet, et le tour est joué !

3 566921 000729

CARESSANT, FIN ET DÉLICAT.

Si vous êtes du genre à ne boire que du Carnivor, du Ménage à Trois, du Liano, de l'Apothic Red ou du White Zinfandel de Gallo, le vin que nous saluons ici n'est pas pour vous. Pas de sucre, pas de copeaux de bois, pas de fort taux d'alcool… Il est, comment dire…? Nu comme un ver! Rien n'accroche, le produit est peu tannique, frais, glissant, coulant, caressant, fin, délicat et d'une digestibilité épatante. Ce n'est certainement pas le type de rouge que je servirais à ma sœur. Elle me dirait, en toute franchise, que «ça ne goûte rien, ce vin-là»! Vous comprenez qu'un blanc de Chablis ou de Sancerre, mais également un gamay du Beaujolais ou de la Bourgogne, ce n'est pas pour elle… Édith, comme de nombreux consommateurs, aime les vins aux saveurs affirmées, ayant du «punch» et de bonnes épaules.

Cela dit, ce «super gamay» bourguignon est toujours aussi beau, friand, juteux et gouleyant qu'auparavant. On y perçoit des notes de cerise rouge, de sirop de grenadine et de jus de canneberge. Même s'il a quatre ans, le vin est à peine évolué et je n'aurais pas peur de l'oublier deux ou trois ans de plus dans la noirceur et la fraîcheur de mon cellier. Une quille parfaite pour un week-end de camping, un après-midi à la plage, ou pour votre prochain voyage de pêche printanier avec les copains.

ROUGE

DANS LA MÊME LIGNÉE:

Combe aux Jacques

Louis Jadot

CODE SAQ: 00365924

PRIX: 16,75 $

3 535923 001003

8 410351 118002

Cosme Palacio Palacio 2014

17,50 $

ORIGINE
Rioja - Espagne

CÉPAGE
Tempranillo

À SERVIR À
15-16 °C

CARAFE
-

À BOIRE AVANT
2021-2022

SUCRE ET ALCOOL
2,1 g/l et 12,5 %

CODE SAQ
00237834

ACCORDS
Ce vin est assez passe-partout, il sera donc facile de l'agencer avec de nombreux plats. On peut penser à du porc braisé aux champignons, à du bœuf Stroganoff, à une blanquette de veau, à un navarin d'agneau.

IL FAIT UN TABAC DEPUIS DES LUNES.

J'ai louangé la qualité des vins espagnols pendant de longues années, mais j'ai surtout salué les excellentes aubaines que ce splendide pays nous offre. Depuis que la quarantaine a frappé, il y a deux ou trois ans, j'ai tout doucement changé mon fusil d'épaule… Est-ce que je boycotte les vins des nations ibériques ? Pas du tout ! D'ailleurs, vous n'aurez qu'à feuilleter ce livre pour en trouver plusieurs. Par contre, de nombreuses cuvées nous ont paru trop boisées. Probablement pas plus que par le passé, mais c'est moi qui vieillis et mon palais aime de plus en plus le fruit, la fraîcheur, la digestibilité, et moins les notes de vanille et de noix de coco qu'on trouve dans de nombreux vins rouges espagnols qui ont souvent vieilli en fût de chêne américain. Je vous présente donc une cuvée monocépage (faite de tempranillo) qui est loin d'être enfouie sous « une pile de deux par quatre » !

Ce Cosme Palacio fait un tabac depuis des lunes au Québec ! La version 2014 est encore sans faille et en grande forme. On a succombé rapidement à ses agréables arômes de fruits bien mûrs, de feuilles mortes et de cuir. Une belle bouteille passe-partout que vous ne boirez pas à genoux, mais qui sera parfaite pour un bon repas de semaine en famille.

ROUGE

DANS LA MÊME LIGNÉE :
Premium Cuvée
Otazu
CODE SAQ : 11387298
PRIX : 18,55 $

8 437011 078902

El Bonhomme Nathalie Bonhomme 2015

18,00 $

ORIGINE
Valence - Espagne

CÉPAGES
Monastrell - cabernet sauvignon

À SERVIR À
15-16 °C

CARAFE
-

À BOIRE AVANT
2023-2024

SUCRE ET ALCOOL
2,6 g/l et 14 %

CODE SAQ
11157185

ACCORDS
La délicieuse paëlla du sympathique chef Ricardo formerait un solide duo avec cette quille valencienne débordante de fruit. Un carpaccio ou un tataki de bœuf vous comblerait aussi.

8 437006 989046

En pleine discussion d'harmonisation mets et vins avec Ricardo.

UN ROUGE PLAISANT, HYPER-FRUITÉ.

On est toujours fier de savoir que des Québécoises et des Québécois se distinguent sur la scène internationale. Que ce soit dans le sport, au cinéma, dans la gastronomie et même dans le monde du vin. C'est génial de voir quelqu'un de notre belle province faire de grandes choses ailleurs sur la planète. C'est le cas de la Montréalaise Nathalie Bonhomme qui a décidé de quitter le Québec il y a plus de 25 ans. Après un passage en Afrique du Sud, elle s'est installée pour de bon sur la côte est de la péninsule ibérique, à Valence. Elle y élabore du vin depuis quelques années avec son comparse et ami Rafael Cambra. Les étiquettes de ses bouteilles sont à son image : rigolotes, sans le moindre soupçon de prétention, et fort inspirantes ! C'est beau, la petite Québécoise et l'habillage des fioles, mais le vin, lui ?

Ici, on est en présence d'une cuvée de la récolte vachement profitable de 2015, faite à parts égales de monastrell (mourvèdre) et de cabernet sauvignon. Notre première réaction en la goûtant a été : « C'est fort bon encore cette année ! » Un rouge plaisant, hyper-fruité, sans lourdeur ni maquillage techno, précis, goûteux, mais pas trop tannique. Le El Bonhomme blanc à 18,85 $ nous a aussi bien plu.

DANS LA MÊME LIGNÉE :
Marie-Gabrielle
Domaine Cazes
CODE SAQ : 00851600
PRIX : 18,50 $

3 248840 303098

3 454100 262412

Les Charmes Louis Tête 2015

18,10 $

ORIGINE
Morgon - Beaujolais - France

CÉPAGE
Gamay

À SERVIR À
16 °C

CARAFE
-

À BOIRE AVANT
2021-2022

SUCRE ET ALCOOL
1,7 g/l et 13 %

CODE SAQ
00961185

ACCORDS
Le vin parfait pour un pique-nique en tête-à-tête sur une nappe à carreaux. Saucisson, terrine, fromage, crudités, pain baguette et… morgon !

CERISES NOIRES, MÛRES ET RÉGLISSE ROUGE.

Ma collègue et bonne amie Ève-Marie Lortie dit souvent à la blague que dans le coffre à gants de mon auto, il n'y a pas de carte routière, ni de grattoir à neige, ni d'outils de dépannage, mais seulement une bouteille de morgon ! C'est rigolo, mais c'est vrai que votre marchand de bonheur est follement amoureux de cette appellation du nord du Beaujolais. On y produit des vins rouges faits du cépage gamay (aussi appelé le « gamay noir à jus blanc »). Il y a tout près d'une trentaine de morgons différents dans le réseau de la SAQ. Sans dire qu'ils sont tous bons, on peut affirmer qu'en général le monopole fait un ciboulot de bon boulot pour faire entrer de solides « beaujos » sur notre marché. Misez les yeux fermés sur ceux de Foilard, Descombes, Jadot, Brun, Lapierre, Chamonard, Faiveley, Breton, Burgaud, Piron, Dubœuf, mais également sur celui de Louis Tête que je vous recommande ici. Un vin tout à fait épatant et fort satisfaisant pour 18 $.

Le superbe millésime 2015 va à ravir à ce produit à la coloration foncée, assez soutenue. Même son de cloche pour la matière : il y a de la chair autour de l'os et nous sommes à des années-lumière de la plupart des maigrichons beaujolais nouveaux qui débarquent chez nous le troisième jeudi de novembre depuis une quarantaine d'années. Cette cuvée baptisée Les Charmes a de bonnes épaules, une certaine concentration et de la « mâche » (vin riche en tanins, ayant du corps et de la chair), tout en restant fraîche et hyper-digeste (ça reste du beaujo, quand même !). De la cerise noire, des mûres, de la réglisse rouge… C'est joufflu, gourmand et fort bon. Si vous aimez ce genre de produit, achetez ça en carton de six, les amis, car c'est une solide aubaine !

ROUGE

DANS LA MÊME LIGNÉE :
L'Ancien
Jean-Paul Brun
CODE SAQ : 10368221
PRIX : 19,15 $

3 424560 040004

Vieilles Vignes Albert Bichot 2013

18,15 $

ORIGINE
Bourgogne - France

CÉPAGE
Pinot noir

À SERVIR À
15-16 °C

CARAFE
-

À BOIRE AVANT
2018-2019

SUCRE ET ALCOOL
1,9 g/l et 12,5 %

CODE SAQ
10667474

ACCORDS
Beaucoup de gens préfèrent le rouge et tiennent mordicus à le boire aussi en apéro. Voici donc une très bonne recommandation pour eux. Il aura aussi sa place aux côtés des terrines, des saucissons et des fromages cendrés.

GÂTEZ-VOUS, LES AMIS !

Êtes-vous sur le point de faire vos premiers pas vers le pinot noir bourguignon? Un de vos amis, qui ne jure que par cette noble variété de raisin et par ce prestigieux terroir européen, vous casse-t-il les oreilles pour que vous en achetiez? Avant de payer une fortune pour un Clos de Vougeot, un Volnay Premier Cru ou un Morey-Saint-Denis, commencez donc plus « mollo » en mettant la main sur ce joli et fort réussi pinot de la maison Albert Bichot, fondée en 1831, établie dans le magnifique village de Beaune, en plein cœur de la Côte-d'Or.

Le vin est bon, frais, digeste, fin, élégant, fort caressant pour le palais. De plus, les quantités en succursale sont énormes, alors, gâtez-vous, les amis ! De couleur très pâle, il sent le sirop de fraise, l'eau de rose, la cerise croquante, la fraise des champs… En bouche, c'est comme du velours, délicat, facile, et les tanins sont soyeux et harmonieux. Vraiment, il n'y a rien qui cloche et j'ai bien hâte de mettre mon gros museau dans un verre de ce même produit du millésime 2015, dans les prochains mois. Ça devrait être pas mal…

ROUGE

DANS LA MÊME LIGNÉE :
Pinot Noir
Domaine Champs Perdrix
CODE SAQ : 00721134
PRIX : 18,90 $

3 192100 120843

3 549920 000297

Château Nénine 2011

18,20 $

ORIGINE
Côtes de Bordeaux - Bordeaux - France

CÉPAGES
Cabernet sauvignon - merlot - cabernet franc

À SERVIR À
16-17 °C

CARAFE
-

À BOIRE AVANT
2019-2020

SUCRE ET ALCOOL
2,6 g/l et 13 %

CODE SAQ
00640177

ACCORDS
Ce ne sera peut-être pas le candidat idéal pour des viandes saignantes, relevées et/ou épicées, alors misez plutôt sur des plats mijotés de longue cuisson. Veau, bœuf, agneau et légumes-racines en sauce lui iront à ravir.

BOIS DE CÈDRE, HAVANE, CUIR, CASSONADE ET ÉPICES.

De temps à autre, j'aime bien goûter des vins un peu plus évolués, ayant quelques millésimes sous le capot. Des cuvées de six ou sept ans, en phase secondaire ou en début de phase tertiaire, dont le fruit laisse tout doucement la place à des saveurs plus évoluées : bouquet de cuir, de sucre brun, de mine de crayon, de fruits secs… Si l'acidité est encore au rendez-vous, on peut vivre de fort agréables moments de dégustation. Et, non, vous n'avez pas toujours à débourser 40 ou 50 huards pour vous procurer un vin qui possède ce genre de profil aromatique et gustatif. Vous trouverez de nombreux rouges espagnols portant la mention « Reserva » ou « Gran Reserva », qui ont séjourné longuement en barrique et en bouteille, qui ne vous coûteront même pas 20 ou 25 $. Ou jouez la carte bordelaise en servant cet agréable flacon du millésime 2011.

Sa coloration tuilée et quelque peu briquée laisse croire à un vin ayant quelques années en arrière de la cravate. Le nez est ouvert et libère des émanations de bois de cèdre, de havane, de crayon de plomb, de cuir, de cassonade et d'épices douces. Les tanins sont lisses, passablement fondus et aucunement agressants. C'est un rouge de Bordeaux issu d'un petit domaine possédant seulement une douzaine d'hectares de vignes, le Château Nénine. Le producteur doit expédier un très grand pourcentage de sa production annuelle sur notre marché, car près d'une centaine de succursales en avaient sur leurs tablettes à l'été 2017.

ROUGE

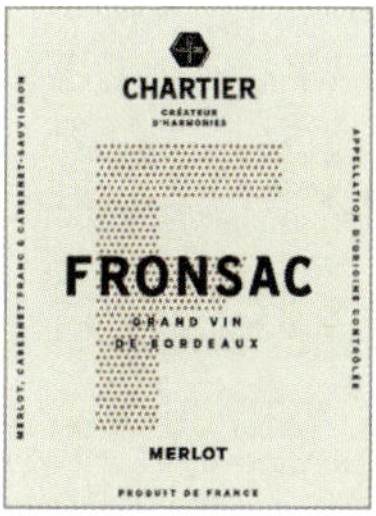

DANS LA MÊME LIGNÉE :
Fronsac
Sélection Chartier
CODE SAQ : 12068070
PRIX : 18,05 $

0 814299 000043

Montecorna Remo Farina 2014

18,20 $

ORIGINE
Valpolicella Ripasso Classico - Vénétie - Italie

CÉPAGES
Rondinella - molinara - corvina

À SERVIR À
16 °C

CARAFE
30 minutes

À BOIRE AVANT
2022

SUCRE ET ALCOOL
8,7 g/l et 14 %

CODE SAQ
00908269

ACCORDS
On peut facilement imaginer ce rouge italien avec une copieuse pizza garnie de smoked meat, de tranches de tomate, d'olives noires, de basilic, de sauce tomate, de fromage Hercule, de champignons et d'herbes provençales… Avouez que ça donne faim, non? Autres accords qui vous enchanteront : un simple sandwich à la viande fumée ou un filet de porc grillé sauce porto.

TOUT FEU TOUT FLAMME.

En plein cœur de la Vénétie, la zone viticole du Valpolicella (où l'on trouve les vins faits en méthodes ripasso et amarone) est capable du meilleur comme du pire. Il est donc important de miser sur des producteurs œuvrant avec soin et ayant de la vigne sur de bons terroirs ! Bien sûr, vous pouvez pratiquement y aller les yeux fermés avec les Masi, Tedeschi, Allegrini, Tommasi, Zenato, Nicolis, Cesari, Alighieri ou Farina. Ces valeurs sûres vous laisseront rarement sur votre soif, et ce, autant avec leurs jeunes valpos que leurs ripassos ou leurs amarones. Mais revenons à cette cuvée Montecorna, tout feu tout flamme sous le fruit de la belle cueillette 2014. En fait, c'est presque louche qu'un si bon rouge ne coûte que 18 $... Évidemment, que je n'en voie pas un ou une se plaindre. Profitez-en pendant que ça passe !

Après une bonne oxygénation en carafe, le vin libère des notes de pain d'épices, de caramel, de cassonade, de figue et de fruits bien mûrs. En plus d'être assez détaillé, le produit est fort goûteux et imprégnant au possible. Comme la plupart des vins issus de la méthode ripasso, il y a un peu de sucre résiduel, mais sachez que ce Montecorna n'est pas pâteux ni encombrant pour autant en bouche, car il a la colonne vertébrale suffisamment solide pour équilibrer le tout. Disons que la fraîcheur et l'acidité l'emportent haut la main sur le sucre !

DANS LA MÊME LIGNÉE :

Campofiorin

Masi

CODE SAQ : 00155051

PRIX : 20,40 $

8 002062 000068

Château de Pizay 2015

18,40 $

ORIGINE
Morgon - Beaujolais - France

CÉPAGE
Gamay

À SERVIR À
16 °C

CARAFE
-

À BOIRE AVANT
2022-2023

SUCRE ET ALCOOL
1,9 g/l et 13 %

CODE SAQ
00719393

ACCORDS
On se demande souvent quel type de vin servir sur un tartare de bœuf, de cerf ou de canard. Faites un essai convaincant avec ce 100 % gamay sur ces viandes crues, et vous ferez mouche !

UN GRAND SOURIRE AU VISAGE.

Le Beaujolais a tellement plus à offrir que la plupart des maigrichons beaujolais nouveaux auxquels on est habitué… En fait, ce type de vin, de moins en moins à la mode sur notre marché, nuit à la réputation des vins de cette région du sud de la Bourgogne. On fait tellement mieux là-bas ! On pourrait parler des dix Crus du Beaujolais, dans la partie septentrionale de la région. Les plus connus sont Brouilly, Moulin-à-Vent, Morgon, Saint-Amour, Côte de Brouilly, mais il ne faudrait pas oublier Chénas, Chiroubles, Juliénas, Régnié et Fleurie. Ces appellations sont entièrement consacrées à la production de vins rouges issus d'un seul et même cépage, le gamay. Dénichez-en un d'un bon producteur et vous verrez qu'il sera à des années-lumière de ceux qui arrivent chez nous vers la fin novembre…

Ce morgon du Château de Pizay n'en est pas à son premier passage dans mon verre à dégustation et il m'a laissé un grand sourire au visage. Ce 2015 partage de petits airs de famille avec des millésimes précédents, tels les délicieux 2009 et 2010. Deux ravissantes récoltes dans cette région, qui ont donné des rouges au fruité net, précis, frais et éclatant. Une surprenante matière tannique et une généreuse masse de fruit sont de la partie. On y hume de la cerise, des canneberges… Bref, ça sent bon, ça goûte bon… très bon !

ROUGE

DANS LA MÊME LIGNÉE :
Morgon
Georges Dubœuf
CODE SAQ : 12073952
PRIX : 17,95 $

3 516500 002767

Arele Tommasi 2014

18,45 $

ORIGINE
Vénétie - Italie

CÉPAGES
Corvina - oseleta

À SERVIR À
16 °C

CARAFE
30 minutes

À BOIRE AVANT
2020-2021

SUCRE ET ALCOOL
9,5 g/l et 13 %

CODE SAQ
11770836

ACCORDS
Des magrets fumés d'oie blanche ou de canard de mon ami Fred de chez RIBZ seraient en parfaite symbiose. Des cuisses confites de ces mêmes volailles lui conviendraient également fort bien.

DES NOTES DE PRUNEAUX, DE FIGUES, DE RAISINS SECS.

Une fois qu'on a eu la piqûre en goûtant un grand vin de la dénomination Amarone della Valpolicella, du nord de l'Italie, on prend conscience de toute la profondeur ainsi que de l'immense complexité aromatique et gustative que ce type de vin rouge peut nous offrir. Par la suite, on va en magasin, on fouille pour en trouver quelques-uns pour les allonger en cave (car Dieu sait qu'un bon amarone d'un bon producteur, ça peut vieillir aisément 20, 30, voire 40 ans dans de bonnes conditions), mais on se rend rapidement compte qu'il faut aussi allonger des huards en ciboulot pour en acheter un… En fait, vous devrez prévoir un minimum de 35-40$ pour une bouteille qui vous procurera du plaisir et de l'émotion. Dans cette fourchette de prix, je vous suggère chaudement les bouteilles signées Masi, Tedeschi, Zenato, Nicolis, Bosan ou Tommasi.

Mais que fait-on quand on veut s'offrir ce type de vin sans malmener son compte bancaire? On se tourne vers un bon ripasso. Ce dernier est en quelque sorte le petit frère de l'amarone, car il est fait dans la même région viticole et avec les mêmes variétés de raisin. Ou l'on mise les yeux fermés sur les cuvées Palanca ou Arele, toutes deux élaborées par le réputé domaine de Tommasi en Vénétie. Fidèle aux millésimes précédents, ce rouge italien libère des notes de pruneaux, de figues, de raisins secs, et des flaveurs balsamiques vachement séduisantes. Le gustatif est imprégnant, intense, et l'équilibre «bois-fruit» est impeccable. À 18$ et des gouttelettes, on peut affirmer qu'il s'agit d'une solide aubaine à acheter en caisse de six!

ROUGE

DANS LA MÊME LIGNÉE:
Ripasso
Bolla
CODE SAQ: 11570682
PRIX: 19,35$

8 008960 684478

5 600224 301027

Colheita Duorum 2014

18,55 $

ORIGINE
Douro - Portugal

CÉPAGES
Touriga nacional - touriga franca - tinta roriz

À SERVIR À
16 °C

CARAFE
-

À BOIRE AVANT
2020-2021

SUCRE ET ALCOOL
3,3 g/l et 13,5 %

CODE SAQ
11510102

ACCORDS
Des aubergines au four farcies de viande hachée, de tomates, d'oignons, de persil, de riz cuit, d'olives noires, de poivre moulu, de fromage parmesan… Le « duo » formé de ce plat et de ce Duorum serait impeccable ! On peut aussi y aller avec un couscous aux merguez.

DE L'ÉTOFFE ET DE LA RICHESSE.

De nombreux cours d'eau ont donné leur nom à des zones viticoles de la planète vin. Des exemples? Le Rhône, ce fleuve qui traverse la région des Côtes-du-Rhône ; la Sèvre et la Maine, deux rivières de l'appellation Muscadet-Sèvre-et-Maine dans le pays nantais ; le Layon des Coteaux-du-Layon ; la célèbre Loire, ce fleuve éponyme de la splendide vallée française ; la Moselle en Allemagne ; etc. En Espagne, l'appellation Ribera del Duero tient son nom du Duero, ce fleuve qui devient le Douro en traversant la frontière portugaise. C'est d'ailleurs dans cette région du Douro que se trouvent les vignes servant à l'élaboration du vin muté le plus célèbre au monde, le porto. Les paysages de cette zone viticole réputée sont tout simplement spectaculaires. Le vignoble a d'ailleurs été classé au patrimoine mondial de l'humanité par l'UNESCO en 2001.

Seulement 600 caisses (7200 bouteilles de 750 ml) de ce produit sont importées sur notre marché annuellement. Vérifiez donc les quantités sur le site de la SAQ pour ne pas vous déplacer pour rien, mais, croyez-moi, ce vin en vaut la peine ! Couleur profonde aux reflets violacés, nez fumé aux notes feutrées, tanins bien serrés, matière généreuse… Un vin qui a de l'étoffe, de la richesse et une certaine concentration. Tout ça sans tomber dans la lourdeur ni la surextraction.

ROUGE

DANS LA MÊME LIGNÉE :
Dourosa
Quinta de la Rosa
CODE SAQ : 12640232
PRIX : 19,15 $

5 604846 103397

3 497120 000213

Réserve Château de Gourgazaud 2015

18,70 $

ORIGINE
Minervois-La Livinière - Languedoc-Roussillon - France

CÉPAGES
Syrah - mourvèdre

À SERVIR À
16 °C

CARAFE
-

À BOIRE AVANT
2020-2021

SUCRE ET ALCOOL
2,5 g/l et 13,5 %

CODE SAQ
00972646

ACCORDS
Un beau-frère ou une cousine vous a laissé quelques cubes de chevreuil, de caribou ou d'orignal de sa dernière chasse automnale ? Une fondue bourguignonne de gros gibiers à poil lui ira à merveille ! La bavette de bœuf sauce vin rouge saura aussi vous ravir ici.

UNE AUBAINE ÉPOUSTOUFLANTE.

Quelle belle révélation cette année ! Cette cuvée Réserve du Château de Gourgazaud, de la famille Tiburce, ne m'a jamais paru si étincelante et épanouie ! Rarement 18-19 $ n'auront été si bien investis. L'assemblage est dominé par la syrah à 80 %, le reste étant du mourvèdre. Le premier cépage confère une coloration foncée et un nez intensément invitant au vin. Quant au mourvèdre, il lui procure une agréable fraîcheur. J'aurai beau le louanger, le décrire sous toutes ses facettes et vous dire que c'est une aubaine époustouflante, les meilleurs juges dans tout ça, ce sont vos papilles ! Mettez la main sur une ou deux quilles et le genou devrait vous plier dès le premier verre. C'est juste trop bon !

Ce qui nous a fait craquer pour ce vin, ce sont, sans équivoque, ses invitants et enivrants parfums, mais aussi sa généreuse et gourmande masse de fruits en bouche. Disons qu'il s'est aisément hissé dans notre Top Vins, et ce, moins de 30 secondes après s'être glissé dans notre verre. Est-il supérieur à des flacons à 25 $ que nous avons goûtés à l'hiver et au printemps 2017 ? Tout à fait, et pas juste un peu ! Épices, tapenade d'olives noires, feuille de laurier, thym, romarin… Quel beau nez ! La bouche est goûteuse, suave, juteuse et passablement riche. Deux fois bravo pour cette belle réussite ! Diable que j'ai hâte de voir ce que la belle cueillette de 2015 réservera à ce produit, car disons que la barre est haute. Très haute, même !

ROUGE

DANS LA MÊME LIGNÉE :
Les Fiefs d'Aupenac
Cave de Roquebrun
CODE SAQ : 10559166
PRIX : 20,50 $

3 379431 111546

La Montesa Palacios Remondo 2013

19,40 $

ORIGINE
Rioja - Espagne

CÉPAGES
Grenache - tempranillo

À SERVIR À
16 °C

CARAFE
-

À BOIRE AVANT
2020-2021

SUCRE ET ALCOOL
2,4 g/l et 14,5 %

CODE SAQ
10556993

ACCORDS
Les saucisses au bacon et aux crottes de fromage de Felipe St-Laurent (le saucissier de Ils en Fument du Bon) seront aux anges avec le charisme et la fougue de ce très bon flacon hispanique. Un faux-filet de bœuf grillé lui irait également à merveille.

8 411580 035863

PRÉCISION, FRAÎCHEUR ET ÉCLAT.

Si vous avez mis la main sur le millésime précédent de ce vin (le 2012), vous êtes sûrement, tout comme moi, tombé en amour avec ce savoureux rouge de la Rioja ! Il y a un an pile-poil, il coûtait tout près de 21 $, et le voici maintenant à 19,40 $. N'hésitez pas à en glisser quatre ou cinq quilles dans votre cellier pour épater les amis, peu importe l'occasion ! Pour varier les émotions, fouillez pour trouver aussi les autres cuvées ibériques du talentueux vigneron Alvaro Palacios à la SAQ. Camins del Priorat, Pétalos, les Terrasses… Que du bon jus !

Comme de nombreux vins faits principalement de grenache noir, la coloration est pâle et peu soutenue. Ne pensez pas que le vin est dépourvu de matière et de charme pour autant. Premièrement, il faut dire qu'il n'est pas fortement boisé comme le sont de nombreux rouges de cette région viticole, que nous avons goûtés récemment et qui ne me plaisent pas particulièrement. Celui-ci est à cent lieues de ceux-là : il est bien garni en fruit et tout est en équilibre — précision, fraîcheur et éclat. Souvenez-vous d'un seul mot, les amis : Montesa !

ROUGE

DANS LA MÊME LIGNÉE :
Giné Giné
Buil & Giné
CODE SAQ : 11337910
PRIX : 20,30 $
0 896612 001012

Devois des Agneaux d'Aumelas Vignobles Jeanjean 2013

19,45 $

ORIGINE
Languedoc-Roussillon - France

CÉPAGES
Syrah - grenache

À SERVIR À
16 °C

CARAFE
-

À BOIRE AVANT
2019-2020

SUCRE ET ALCOOL
2,1 g/l et 13 %

CODE SAQ
00912311

ACCORDS
Il sera super-polyvalent à table et facile à jumeler à de nombreuses créations culinaires. Pizza, *pasta*, bruschetta, focaccia, alléluia !

3 186127 769819

Verre dans les vignes.

UNE VALEUR SÛRE.

Le métier de vigneron a longtemps été réservé aux hommes. Mais, depuis 10, 15, voire 20 ans, de plus en plus de femmes font ce travail passionnant. On n'a qu'à penser à Régine Sumeire et à ses trois domaines en terroir provençal ; à Laurence Rigal du Château du Grand Caumont dans les Corbières ; à Annick Tiburce du Château de Gourgazaud dans le Minervois ; à Nathalie Bonhomme sur la côte est de l'Espagne ; à Catherine Faller du Domaine Weinbach en Alsace ; et j'en passe ! Elles sont souvent plus patientes, plus méticuleuses, plus attentionnées, plus délicates et mieux organisées que bien des hommes. Brigitte Jeanjean des Vignobles Jeanjean, dans le Languedoc, est une vigneronne assez « hors norme » : elle a autant de plaisir dans les parcelles de ses différents domaines qu'à voyager à travers la planète pour faire la promotion de ses vins. Elle est rigolote, jamais trop sérieuse, et ne fait pas que parler de vin, elle en boit aussi ! C'est toujours un pur bonheur d'échanger avec elle dans un Salon des vins ou autour d'une tablée de bons vivants. Une vigneronne cool qui a le nez dans le verre et non en l'air !

Cette désormais célèbre cuvée Devois des Agneaux d'Aumelas figure encore selon moi dans les meilleures sélections de rouges sous la barre de 20 $, tous pays confondus. Cet assemblage de syrah et de grenache est hyper-représentatif des bons rouges du terroir languedocien. Notes de tapenade d'olives noires, de violette, de poivre et d'autres épices à cuisson. La bouche est joufflue, juteuse et totalement axée sur le fruit. Le 2012 avait été un solide coup de cœur, et ce 2013 suit fort bien la cadence. Une valeur sûre à enligner en caisse de six dans votre réserve perso !

ROUGE

DANS LA MÊME LIGNÉE :

Bergerie de l'Hortus

Domaine de l'Hortus

CODE SAQ : 00427518

PRIX : 20,30 $

0 376001 629008

Château Mayne Guyon 2015

19,50 $

ORIGINE
Blaye Côtes de Bordeaux - Bordeaux - France

CÉPAGES
Merlot - cabernet sauvignon - malbec

À SERVIR À
16-17 °C

CARAFE
-

À BOIRE AVANT
2020-2021

SUCRE ET ALCOOL
2,8 g/l et 13,5%

CODE SAQ
12251317

ACCORDS
Comme il n'a pas le profil d'un bordeaux classique, oubliez la symbiose classique avec de l'agneau ou du bœuf et allez-y plutôt avec une longe de porc ou des côtelettes de porc mouillées d'une sauce aux fruits rouges.

UNE DES BELLES RÉVÉLATIONS DE L'ANNÉE.

Vous allez peut-être trouver que j'y vais fort, mais ce vin est le meilleur produit bordelais sous la barre des 20$ que j'ai goûté à ce jour! Il nous a pris par surprise et jamais nous ne nous attendions à tomber ainsi amoureux d'un rouge de Bordeaux à prix si modeste. J'espère sincèrement qu'il restera des 2015 dans le réseau de la SAQ lorsque vous lirez ces lignes. Sinon, sachez que plusieurs vignerons de cette célèbre zone viticole m'ont assuré que la vendange 2016 avait été tout aussi favorable sur le plan climatique. J'imagine donc que ce Château Mayne Guyon devrait également très bien tirer son épingle du jeu sur le prochain millésime. Donc, oui, je m'emporte un peu, mais si vous désirez «placer» 20$ au bon endroit, courez vite en succursale pour mettre la main sur un ou deux flacons de ce vin!

La surprise est d'abord venue de ses parfums invitants, agréables et envoûtants. Nous sommes loin des notes pas toujours attirantes des bordeaux «génériques» à 15-20$ la quille... La bouche est rafraîchissante, souple, facile; les tanins sont lisses et bien polis. Rien n'accroche, rien ne fait défaut. Un bordeaux différent et combien savoureux à ce prix, ça ne court pas les rues! Sans aucun doute, une des belles révélations du marathon de dégustation de l'édition 2018 du guide!

ROUGE

DANS LA MÊME LIGNÉE:
Cuvée Prestige
Château Fougas
CODE SAQ: 10392896
PRIX: 21,00$

3 191381 221317

Les Griottes Domaine du Vissoux 2015

19,55 $

ORIGINE
Beaujolais - France

CÉPAGE
Gamay

À SERVIR À
14-15 °C

CARAFE
-

À BOIRE AVANT
2018-2019

SUCRE ET ALCOOL
1,9 g/l et 13 %

CODE SAQ
11259940

ACCORDS
Des arancinis à la viande, aux épices et aux tomates ou même un assortiment de saucisses pas trop épicées formeraient un joli duo avec ce «beau *vino* bio du Beaujo».

UN VIN QUI A DE LA VIE ET DU « PEP » !

Êtes-vous un amoureux des rouges « qui tachent », musclés, aux épaules larges comme celles de Hugo Girard ? Aimez-vous les produits aux parfums hyper-engageants, qui sentent l'huile à bronzage, le caramel, le copeau de bois et la *Slush Puppie* au raisin ? Si vous avez répondu oui à une de ces questions, tenez-vous loin de ce rouge ! On joue plutôt ici dans la souplesse, la délicatesse, la dentelle et la « descente rapide ». D'ailleurs, toute la gamme des vins du Domaine du Vissoux (dont les prix vont de 18 à 30 $), de la famille Chermette, est axée sur la fraîcheur, la finesse et la digestibilité. Des beaux et bons « beaujo » comme je les aime ! Leur rouge en appellation Moulin à Vent, baptisé Les Trois Roches, est un cru splendide qui se déguste à merveille dès maintenant, mais qui tiendra en cave 8 à 10 ans.

Tout est bio ici et on perçoit un vin qui a de la vie et du « pep ». Ce n'est certes pas le produit le plus aromatique, mais on y sent de délicats effluves de cerises, de canneberges et de… griottes ! Rien n'est puissant ni tannique, le vin est davantage friand, juteux, gouleyant, facile et fort plaisant. Les aficionados de *king cabs* du Golden State resteront solidement sur leur soif en sa présence. Par contre, les amoureux des flacons du Jura, du Beaujolais, de la Bourgogne ou même de la vallée de la Loire trouveront chaussure à leur « nez » avec lui.

ROUGE

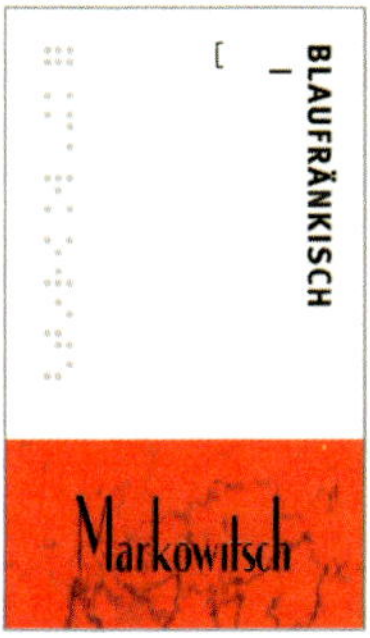

DANS LA MÊME LIGNÉE :

Blaufränkisch

Markowitsch

CODE SAQ : 13097147

PRIX : 19,95 $

9 007615 091462

Churchill's Estates Churchill Graham 2013

19,95 $

ORIGINE
Douro - Portugal

CÉPAGES
Touriga nacional - tinta roriz - touriga francesa

À SERVIR À
16 °C

CARAFE
–

À BOIRE AVANT
2020-2021

SUCRE ET ALCOOL
2,5 g/l et 14,5 %

CODE SAQ
12362931

ACCORDS
Une tourte à la viande ou un pain de viande aromatisé de quelques épices s'allieront de belle façon avec cet assemblage de cépages portugais bien fruités.

GÉNÉREUX, CONSISTANT, BIEN MÛR.

En voulez-vous pour vos 20$? Vous ne voulez pas vous river le nez sur un rouge qui manque de «punch»? Quand vient le temps de choisir une bonne bouteille, vous sentez-vous dépassé devant le vaste choix que la SAQ nous propose? Parce que, que l'on soit d'accord ou non avec les méthodes de notre monopole, on peut quand même se targuer d'avoir *grosso modo* un choix de 10000 produits en magasin au Québec. Ne cherchez plus en «vin» et mettez la main sur ce bon flacon issu du Portugal septentrional! C'est une valeur sûre qui ne vous fera pas honte devant la visite, et ce, peu importe le moment où elle va se pointer.

Le vin possède des petits airs de famille du fameux vin muté ibérique, le porto, mais sans afficher le même taux de sucre résiduel ni le 20% d'alcool. La matière est généreuse, le produit est consistant, bien mûr, et de fort jolis tanins sont au rendez-vous. Il est doté d'un fruité éclatant ainsi que d'une finale en bouche persistante et sans fausse note. Tout est là et c'est fort bon! Mais attention: ne faites pas l'erreur de lancer au commis en magasin que vous voulez «une bouteille de Churchill», au risque de vous retrouver à la caisse avec une fiole de Sir Winston Churchill, la grande cuvée de champagne de Pol Roger, qui coûte près de 250$!

DANS LA MÊME LIGNÉE:
La Rosa
Quinta da Rosa
CODE SAQ: 00928473
PRIX: 21,50$

5 604846 100518

7 798132 910801

Finca Agostino 2014

19,95 $

ORIGINE
Mendoza - Argentine

CÉPAGES
Syrah - malbec

À SERVIR À
16 °C

CARAFE
15 minutes

À BOIRE AVANT
2020

SUCRE ET ALCOOL
2,8 g/l et 13,9 %

CODE SAQ
13203157

ACCORDS
Évitez de le servir sur des fromages, des volailles ou des poissons en sauce blanche en raison des tanins très présents du malbec. Allez plutôt vers des viandes saignantes, grillées et quelque peu relevées.

BIEN GOÛTEUX, FORT PLAISANT.

Mon boulot de chroniqueur *vino* m'a donné la chance de visiter près d'une vingtaine de pays producteurs de vin. Les plus beaux endroits où j'ai eu le plaisir de traîner mes bottines (et mes sandales !) sont la Nouvelle-Zélande, la vallée du Douro, la Grèce, la côte est de l'Espagne, la Toscane, l'Afrique du Sud. Sans oublier la superbe région de Mendoza en Argentine ! En une dizaine de jours là-bas, j'ai dû prendre une dizaine de livres ! Le carnivore en moi n'a pu que succomber à toutes ces belles pièces de bœuf qui sont passées dans nos assiettes, autour des tables toujours bien garnies. En plus, les Argentins aiment rire, chanter, danser, boire du bon vin et faire la fête ! Disons que nous nous sommes très bien entendus ! Par contre, côté vins, ç'a été un peu plus rock'n'roll… Nous avons goûté de nombreuses cuvées un peu trop « ambitieuses » pour mes papilles. Des vins souvent concentrés, assez boisés et dont le taux d'alcool dépassait les 14-15 %. Pour un buveur de beaujo, de chablis et de quilles jurassiennes comme moi, c'était parfois un peu trop costaud et lourdaud. Heureusement qu'il y a des domaines qui œuvrent davantage dans la finesse et la digestibilité. Cela a rendu ce voyage encore plus mémorable !

L'assemblage auquel on a affaire ici est composé de deux cépages emblématiques qui abondent dans de nombreuses parcelles sud-américaines, la syrah et le malbec. Deux variétés de raisin qui ont le vent dans les voiles et qui sont très prisées des jeunes consommateurs de vin. Le produit est bien goûteux, fort plaisant, et le vieillissement de 10 mois en fût de chêne français est parfaitement intégré au fruit. Rien n'est lourd, rien n'est trop extrait, et le vin affiche un solide indice de « buvabilité ».

ROUGE

DANS LA MÊME LIGNÉE :
Alma Negra
Bartholomaus & Catena
CODE SAQ : 11156895
PRIX : 19,20 $

0 890464 460034

Pinot Noir Bridgeview 2013

20,20 $

ORIGINE
Oregon - États-Unis

CÉPAGE
Pinot noir

À SERVIR À
15 °C

CARAFE
-

À BOIRE AVANT
2019

SUCRE ET ALCOOL
3,9 g/l et 13 %

CODE SAQ
12182770

ACCORDS
Des burgers de saumon, un tataki de thon au sésame grillé ou une longe de porc cuisson rosée s'harmoniseront à merveille avec ce léger rouge des USA.

SOUPLE, FRAIS ET GLISSANT.

Le jour où l'on déguste un grand pinot noir de la Côte-d'Or, en Bourgogne, on ne voit habituellement plus jamais le vin de la même façon. De nombreux amis à moi sont tombés follement amoureux du vin en dégustant un fin, délicat, tendre, imprégnant, divin et tout en dentelle pinot bourguignon. Le Chambolle-Musigny du Domaine de la Vougeraie, le Pommard de Louis Jadot ou le Gevrey-Chambertin de Philippe Pacalet de 10 ans d'âge devraient vous faire toucher le ciel en dégustation. Vous aurez compris que ces flacons sont plutôt rares et surtout assez dispendieux. Ce sont des vins rouges des grandes occasions et des grandes émotions que l'on boit habituellement avec des amis qui savent l'apprécier à sa juste valeur. Je vous présente ici un rouge du Nouveau Monde issu de cette noble variété de raisin, qui ne malmènera pas trop votre compte bancaire.

Au cours des 20 dernières années, l'État situé juste au nord de la Californie, l'Oregon, a fait ses preuves en matière de production de pinot noir de première qualité. Pour vous en convaincre, vous devez goûter ceux des vignobles Beaux Frères, Bergström, Cristom, Argyle, Drouhin ou Serene. Celui que je salue dans ce texte n'a certes pas une grande profondeur, mais il est fort efficace et vachement satisfaisant pour seulement 20 huards. Notes de sirop de grenadine, de fruit à noyau, de jus de canneberge... La bouche est souple, fraîche et glissante. Rien ne cloche et il s'agit d'un fort réussi pinot d'entrée de gamme.

DANS LA MÊME LIGNÉE :
Pinot Noir
Cloudline
CODE SAQ : 11334161
PRIX : 23,70 $

0 012086 965319

Reserva Viña Ijalba 2012

20,85 $

ORIGINE
Rioja - Espagne

CÉPAGES
Tempranillo - graciano

À SERVIR À
16-17 °C

CARAFE
-

À BOIRE AVANT
2020-2021

SUCRE ET ALCOOL
1,8 g/l et 13,5 %

CODE SAQ
00478743

ACCORDS
Un fumant gratin de hachis Parmentier ou un typiquement québécois pâté chinois mouillé d'un trait de ketchup feraient belle figure en duo avec ce beau rouge de la Rioja. Un sauté de filet de porc chasseur ou même un bœuf aux légumes feraient quant à eux ressortir le côté chaleureux de cet espagnol.

8 423309 033005

BIEN CHARNU ET PASSABLEMENT COMPLEXE.

Pendant cinq ou six ans, j'ai vécu une solide histoire d'amour avec les vins espagnols. J'en buvais fréquemment et j'ai mis les pieds en Espagne à plusieurs reprises ; je vantais les mérites de ces vins à la radio, dans les journaux, à la télé et dans les réseaux sociaux. Il est vrai que c'est un magnifique pays et qu'on y trouve des rapports qualité/prix/plaisir tout simplement remarquables. Par contre, depuis quelques années, je me suis cogné le nez sur de nombreuses cuvées un peu trop boisées à mon goût. Des crus souvent aussi assez concentrés, riches, peu digestes et parfois assez alcoolisés. Même si mon cœur penche maintenant davantage pour la France et l'Italie, les deux pays de la péninsule ibérique (l'Espagne et le Portugal) demeurent selon moi encore en pole position sur le plan des bonnes aubaines à petit et à moyen prix.

Si vous me tendiez un billet de 20$ en me disant « déniche-moi la meilleure bouteille de rouge disponible en bonne quantité à la SAQ », j'hésiterais probablement entre le Bronzinelle, la Montesa, les Sorcières ou ce Viña Ijalba Reserva ! Ce 2012 a 5-6 ans d'âge et il vieillit fort bien. Bien charnu et passablement complexe, on y hume un bouquet de fruits bien mûrs, de cuir, de bois neuf, de tabac blond et de sucre brun.

DANS LA MÊME LIGNÉE :

Reserva

Muga

CODE SAQ : 00855007

PRIX : 23,35 $

8 414542 100104

3 358251 220003

Château Bujan 2014

21,05 $

ORIGINE
Côtes de Bourg - Bordeaux - France

CÉPAGES
Merlot - cabernet sauvignon - cabernet franc

À SERVIR À
17 °C

CARAFE
-

À BOIRE AVANT
2020-2021

SUCRE ET ALCOOL
2,7 g/l et 13,5 %

CODE SAQ
00862086

ACCORDS
Cette belle bouteille aura autant sa place avec un bon gros T-bone et sa poêlée de légumes-racines qu'avec un réconfortant plat mijoté de bœuf, de veau ou d'agneau.

Conférence extérieure lors de l'événement Bordeaux fête le vin à Québec.

QUE DE PLAISIR EN BOUCHE !

Toutes les années impaires, à la fin du mois d'août, un événement formidable se tient dans le Vieux-Port de Québec. Ce rassemblement mobilise plus de 50 000 bons vivants et se nomme « Bordeaux Fête le Vin à Québec ». Des gourmands, curieux et épicuriens de partout en province viennent se balader un verre à la main pour échanger avec 75 vignerons bordelais. L'ambiance est festive et sans la moindre goutte de prétention. Quatre formidables journées qui closent magnifiquement bien l'été et permettent de faire de belles découvertes *vino*. Et entre vous et moi, c'est une très bonne façon de se réconcilier avec cette célèbre région viticole qui a été quelque peu « boudée » par de nombreux jeunes consommateurs de vin. Mais à voir toutes ces jeunes familles qui vont à BFVQ aux deux ans, on peut sentir que le « buzz Bordeaux » reprend de la vigueur chez nous !

Ce n'est pas la première présence de ce Château Bujan dans notre livre annuel, et la cuvée 2014 mérite grandement sa place cette année. Son nez immédiat de havane, de cuir, de cassonade et de crayon de plomb nous invite à prendre le vin en bouche assez rapidement. Même sans passage en carafe, le vin déploie une fort belle expression aromatique. Que de plaisir en bouche avec cette dose de fraîcheur, son côté un brin mentholé et sa matière passablement généreuse ! Juste à imaginer le 2015 qui sera chez nous dans les prochains mois… je devine que ce sera assez prometteur !

ROUGE

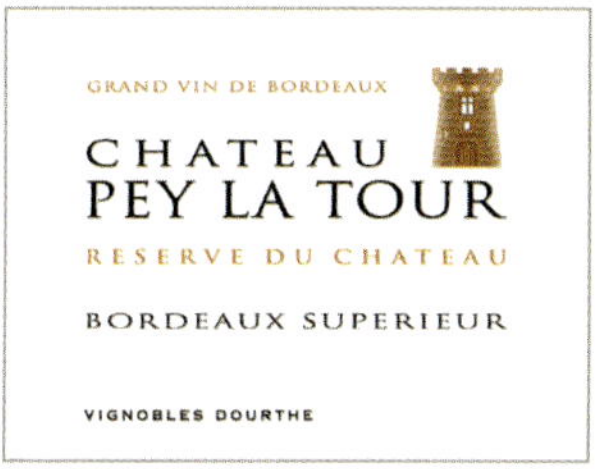

DANS LA MÊME LIGNÉE :

Château Pey La Tour

CODE SAQ : 00442392

PRIX : 21,55 $

3 258691 545486

3 760119 322048

Le Régal Le Loup Blanc 2015

21,10 $

ORIGINE
Minervois - Languedoc-Roussillon - France

CÉPAGES
Grenache - carignan - syrah

À SERVIR À
16 °C

CARAFE
-

À BOIRE AVANT
2021-2022

SUCRE ET ALCOOL
3 g/l et 14 %

CODE SAQ
10405010

ACCORDS
Ce rouge du sud de la France sera en bonne harmonie avec des *ribs* bien juteux ou même avec une assiette de grillades de type Tex-Mex pas trop épicées.

PLUS GÉNÉREUX QUE JAMAIS !

Le vignoble du Loup Blanc a été fondé en 2002 par deux Montréalais d'adoption, Laurent Farre et Alain Rochard, et par leurs deux associés établis en permanence en sol languedocien, Carine Farre et Nicolas Gaignon. Le domaine possède 17 hectares de vignes et tout est travaillé en culture bio. Pas de pesticides, pas d'herbicides ; on façonne la vigne comme à l'époque, sans le moindre intrant chimique ou produit de synthèse. Cela donne habituellement des vins plus « vivants », plus axés sur le fruit et l'éclat. Les produits de ce domaine du Minervois sont toujours bien juteux, fort représentatifs de leur lieu de production, à la fois gourmands et fort digestes. Les versions disponibles sur notre marché oscillent entre 20 et 35 $, et aucun des assemblages proposés ne m'a jamais laissé sur mon appétit (ou plutôt sur ma soif !).

J'imagine que le très joli millésime 2015 a certainement quelque chose à voir avec le fait que ce Régal du Loup est plus réussi et plus généreux que jamais ! Sa coloration violacée le rend hyper-attirant. Le nez a une bonne expression aromatique, offre des effluves de vieux vinaigre balsamique, de bleuets, de mûres sauvages… La bouche est plus soutenue et garnie que dans le passé. Une agréable masse de fruits et une bonne dose de fraîcheur se sont donné rendez-vous au gustatif. La finale est persistante et sans fausse note. Cette quille du Languedoc à 21 douilles pourrait faire la barbe à bien des cuvées de 25 $…

ROUGE

DANS LA MÊME LIGNÉE :

Impatience

Château du Grand Caumont

CODE SAQ : 00978189

PRIX : 18,55 $

3 289720 023507

0 715826 102967

Old vine Ravenswood 2014

21,35 $

ORIGINE
Lodi - Californie - États-Unis

CÉPAGES
Zinfandel - petite sirah

À SERVIR À
16 °C

CARAFE
-

À BOIRE AVANT
2022-2023

SUCRE ET ALCOOL
2,8 g/l et 15 %

CODE SAQ
00630202

ACCORDS
Un bon candidat pour les « plats santé » du Super Bowl ou d'une soirée de hockey devant le plasma avec les copains. Pilons de poulet BBQ, pointes de pizza, côtes levées, boulettes de viande en sauce tomate… Go, go, go !

Rang de vignes dans la vallée de Napa en Californie.

UN ROUGE AMÉRICAIN DE BONNE MOUTURE.

Au printemps 2017, nous avons eu le plaisir de rencontrer celui que l'on surnomme le « Godfather of Zinfandel », Joel Peterson, fondateur de la très connue maison Ravenswood en Californie. Il a démarré les activités du domaine au début des années 1970, et pour lui le « zin » est apte à produire bien plus que des rosés (*white zinfandel*) peu acides et sucrés. Le septuagénaire magnifie et comprend ce cépage comme peu de vignerons américains ont su le faire. Cette variété de raisin donne souvent des vins rouges capiteux, assez *juicy fruity*, assez concentrés, avec des taux d'alcool de 15-16 %. Adieu, fraîcheur et digestibilité ! Si vous vous tenez habituellement loin des vins issus de ce cépage, lequel est fortement planté dans le Golden State américain, laissez-lui une chance en goûtant les vins de Ravenswood !

Cette belle grosse bouteille noire a de la gueule en ciboulot ! Son contenu est généreux, plein, joufflu et fort garni en fruit. À peu près le quart de la cuvée est constitué de petite sirah, ce qui donne au produit une coloration très profonde. Nul besoin de l'aérer une heure ou deux en carafe pour le rendre plus bavard, puisque le vin est ouvert, fort expressif, bien aromatique, et ce, dès l'ouverture de la bouteille. Un rouge américain de bonne mouture et fort réussi.

ROUGE

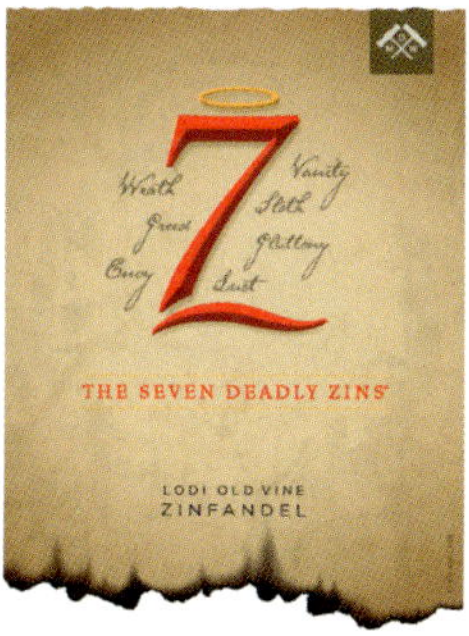

DANS LA MÊME LIGNÉE :

The Seven Deadly Zins

Michael David

CODE SAQ : 11383473

PRIX : 22,85 $

0 652935 100012

5 285000 380863

Terrasses de Baalbeck Massaya 2013

21,60 $

ORIGINE
Vallée de la Bekaa - Liban

CÉPAGES
Grenache - cinsault - cabernet sauvignon - mourvèdre

À SERVIR À
16 °C

CARAFE
-

À BOIRE AVANT
2020

SUCRE ET ALCOOL
2,0 g/l et 14,5 %

CODE SAQ
00904102

ACCORDS
Jouez la symbiose locale en servant ce rouge libanais avec des brochettes ou un sandwich de shish taouk. Porc ou poulet mariné, thym et origan séchés, jus de citron, ail haché, pita, yogourt nature, et le tour est joué !

DES FLAVEURS ÉPICÉES, FUMÉES ET TORRÉFIÉES.

Désirez-vous éblouir les papilles de vos convives avec autre chose que les nombreux vins français, argentins, espagnols, américains et italiens qu'on trouve sur nos tablettes? Si vous n'avez pas peur des découvertes et que vous voulez faire des trouvailles, essayez ce rouge de la vallée de la Bekaa, en terroir libanais! Si vous ne trouvez pas les cuvées de la maison Massaya, vous pourriez mettre la main sur celles des châteaux St-Thomas, Ksara, Kefraya ou Musar. Personnellement, je trouve que les rouges de ce pays ont souvent de petits airs de famille avec ceux du Languedoc-Roussillon, de la Provence ou de la vallée du Rhône. Il faut dire qu'on trouve au Liban pas mal les mêmes variétés de raisin que dans ces zones viticoles du sud de la France: syrah, grenache, cinsault, mourvèdre, carignan…

Son profil méditerranéen aux flaveurs épicées, fumées et torréfiées le rend irrésistible. Il a cinq ans d'âge et se dégustera à merveille dès maintenant ou dans les deux ou trois prochaines années. L'agréable dose de fraîcheur est apportée en grande partie par le fait que les pieds de vigne sont plantés entre 900 et 1200 mètres d'altitude. Le vin a séjourné pas moins de 18 mois en fût de chêne français, mais ça ne lui confère pas des notes d'infusion de 2 x 4 pour autant. D'autres cuvées de ce domaine, de 17 à 50$, sont aussi disponibles dans le monopole.

DANS LA MÊME LIGNÉE:
Greppicante
Greppi
CODE SAQ: 11191826
PRIX: 20,55$

8 033210 761555

5 606686 001185

Dac Vinos del Atlántico 2014

21,95 $

ORIGINE
Dão - Beiras - Portugal

CÉPAGES
Tinta roriz - touriga nacional - alfrocheiro - jaén

À SERVIR À
15-16 °C

CARAFE
-

À BOIRE AVANT
2019-2020

SUCRE ET ALCOOL
2,6 g/l et 13 %

CODE SAQ
13172400

ACCORDS
Une assiette de boudin noir et son gratin dauphinois bien crémeux compléteraient un beau trio. Une ribambelle de saucissons feraient aussi très bien l'affaire.

FRAÎCHEUR EXQUISE ET PARFUMS ENIVRANTS !

Touriga quoi ? Tinta quoi ? Alfrocheiro, jaen, encruzado… ? Mais de quoi diable parle-t-on ici ? On parle des cépages indigènes que l'on trouve dans ce formidable pays de la péninsule ibérique qu'est le Portugal. Même s'il y a ici et là du sauvignon, de la syrah, du viognier ou même du cabernet sauvignon, le Portugal possède principalement des variétés de raisin autochtones. C'est, entre autres, ce qui confère leur charme et leur caractère aux vins rouges, rosés et blancs (et même aux vins mutés) de ce pays. Parmi les dizaines de cépages cultivés sur place, peu connus du grand public, c'est sans aucun doute le touriga nacional qui offre le meilleur potentiel qualitatif. Même si ce dernier est presque toujours assemblé à d'autres variétés, il est à la base de certains très grands vins, surtout dans la partie nord du pays. Les quelques vins rouges élaborés en mode monocépage (100 % touriga nacional) que j'ai eu la chance de déguster m'ont grandement séduit le palais ! Près du tiers de cette cuvée, baptisée simplement Dac, est faite de touriga nacional. Il sent le jus de framboise, la fraise des champs, la violette… Son côté friand, juteux, primaire et hyper-gouleyant me fait penser à certains vins nature (sans ajout de sulfite). Disons que ça fait très « jus de fruits » comme produit et c'est en plein mon genre de vin ! Sans savoir d'où il venait, j'aurais probablement opté pour une cuvée élaborée dans le Beaujolais… J'aurais été dans l'champ, et pas à peu près… La fraîcheur est exquise, les parfums enivrants, le gustatif glissant, rassasiant et peu tannique. Il vous sera bien difficile de vous en tenir à juste un verre…

ROUGE

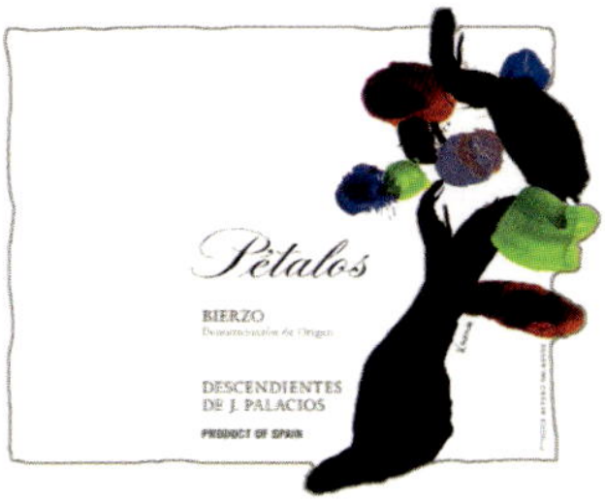

DANS LA MÊME LIGNÉE :
Pétalos
Alvaro Palacios
CODE SAQ : 10551471
PRIX : 23,45 $

8 437004 566089

Double Select Luca 2014

22,05 $

ORIGINE
Vallée de l'Uco - Mendoza - Argentine

CÉPAGE
Syrah

À SERVIR À
16 °C

CARAFE
-

À BOIRE AVANT
2020-2021

SUCRE ET ALCOOL
2,3 g/l et 14 %

CODE SAQ
10893877

ACCORDS
Faites une balade virtuelle en sol argentin en élaborant une symbiose régionale avec une pièce de bœuf. Une bavette, un rôti, une entrecôte, un carpaccio... Une protéinée salade de fèves vertes et jaunes saura fort bien accompagner le tout.

DÉLICIEUSE SYRAH DU NOUVEAU MONDE.

La bouteille peut être quelque peu effrayante, car elle pèse une tonne (j'exagère à peine !). En fait, elle est tellement grosse qu'on ne peut même pas l'insérer dans un casier de cave à vin en cèdre… Il vous faudra un cellier pour la faire vieillir, ou buvez-la sans trop attendre. Ça tombe vachement bien, car le vin se déguste à merveille dès maintenant. Le plus important est que le contenu du flacon, lui, n'est pas lourd ni imposant. C'est une grosse quille remplie de « bon jus » !

Dès après avoir tiré le bouchon, vous succomberez au charme immédiat et à la fougue de cette délicieuse syrah du Nouveau Monde. D'enivrants parfums de fleurs mauves, de poivre long et de fruits bien mûrs se sont donné rendez-vous à l'olfactif. Il s'agit d'une cuvée monocépage et la syrah est aisément détectable en dégustation à l'anonymat, mais j'aurais pensé que c'était un cru du Rhône septentrional. Comme quoi il y a de la fraîcheur et du caractère dans ce flacon signé de la talentueuse vigneronne Laura Catena, fille d'une légende vivante de la viticulture argentine, le grand Nicolás Catena. Les installations de son domaine sont situées dans la région viticole de Mendoza, et je vous recommande chaudement de les visiter si vous êtes en voyage dans ce magnifique pays.

DANS LA MÊME LIGNÉE :
Privada
Norton
CODE SAQ : 00860411
PRIX : 22,65 $

7 792319 678027

0 089819 503223

Riserva Gabbiano 2012

22,45 $

ORIGINE
Chianti Classico Riserva - Toscane - Italie

CÉPAGES
Sangiovese - merlot

À SERVIR À
16-17 °C

CARAFE
-

À BOIRE AVANT
2019-2020

SUCRE ET ALCOOL
2,1 g/l et 14 %

CODE SAQ
10843298

ACCORDS
Votre steak-frites n'aura jamais eu si bon goût si vous l'accompagnez de ce bel italien ! La cuisson saignante, le poivre moulu et les frites quelque peu épicées ne lui feront pas peur !

VOUS NE SEREZ PAS DÉÇU !

Que veulent dire les mentions « Classico », « Riserva » et « Superiore » que l'on voit fréquemment sur les bouteilles de chianti ? Démystifions le tout ensemble ! Premièrement, il faut savoir que Chianti est une zone viticole située en plein cœur de la Toscane. Si la mention « Classico » suit l'appellation (Chianti Classico, Orvieto Classico, Valpolicella Classico...), cela signifie que le vin est issu du lieu historique le plus précis de l'appellation. La mention « Riserva » est en lien avec le vieillissement en fût de chêne et en bouteille dans les caves du producteur. Quant à la mention « Superiore » (que l'on peut aussi voir en France avec le Beaujolais Supérieur, le Bordeaux Supérieur), elle indique une version un peu plus alcoolisée qu'un vin en simple appellation Chianti.

Ce Chianti Classico Riserva est un cran supérieur à son frangin (pour ne pas dire loin devant lui !), lequel est un produit régulier à 14 $. Mettez les huit huards supplémentaires pour vous procurer celui que salue ici, et vous ne serez pas déçu. Ce 2012 est fort bavard sur le plan olfactif et il nous offre des notes de tabac à pipe, de crayon de plomb, de vinaigre balsamique et de bois neuf. Le produit a cinq ans et on perçoit une certaine évolution au nez. Une jolie masse de fruit et une belle présence tannique sont au rendez-vous. Comme il est assez oxydatif, il faudra vider la bouteille dans les heures suivant son ouverture. Honnêtement, ça ne devrait pas être trop difficile.

DANS LA MÊME LIGNÉE :
Nipozzano
Marchesi di Frescobaldi
CODE SAQ : 00107276
PRIX : 22,25 $

8 007425 000181

3 760041 970751

Vieilles Vignes Nicolas Potel 2015

22,55 $

ORIGINE
Bourgogne - France

CÉPAGE
Pinot noir

À SERVIR À
15-16 °C

CARAFE
-

À BOIRE AVANT
2019-2020

SUCRE ET ALCOOL
1,6 g/l et 13 %

CODE SAQ
00719104

ACCORDS
Misez sur des créations culinaires qui tournent autour du saumon : un tartare, un burger, un pavé… Et, pour rejoindre la fraîcheur et la finesse du pinot, ajoutez du basilic ou de la menthe fraîche à une petite mayonnaise maison.

UN VIN QUI DONNE SOIF !

Êtes-vous un jour tombé complètement gaga après avoir goûté un divin pinot bourguignon ? Car, oui, il suffit habituellement d'un seul grand rouge de cette superbe région pour tomber follement amoureux du pinot noir de la célèbre Bourgogne ! Entre vous et moi, on peut compter sur les doigts d'une main les vins de cette région qui coûtent moins de 25 $ et qui ne procurent que du plaisir, de la satisfaction et de l'émotion en dégustation : ceux de Joseph Faiveley et de René Bouvier, ainsi que celui-ci, de Nicolas Potel. Donc, si vous êtes un « nouvel aficionado » de pinot noir, ne cherchez plus et sautez sur ces trois fioles bourguignonnes !

Après les millésimes 2012 et 2013 qui ont donné de petites quantités de fruits (et bien sûr de vin !) au vigneron de Bourgogne, Mère Nature a été d'une grande générosité pendant pratiquement toute la période végétative de 2015. Ça paraît dans ce vin qui nous a semblé pas mal plus coloré et plus savoureux que ces deux ou trois dernières années. Les notes de jus de cerise et de jus de canneberge abondent et débordent du verre. Il est toujours aussi soyeux, frais, glissant et gouleyant qu'auparavant, mais assurément plus soutenu. Tanins fins, matière tendre, finale fraîche… Un vin qui donne soif, aussi à propos à table qu'à l'apéro !

ROUGE

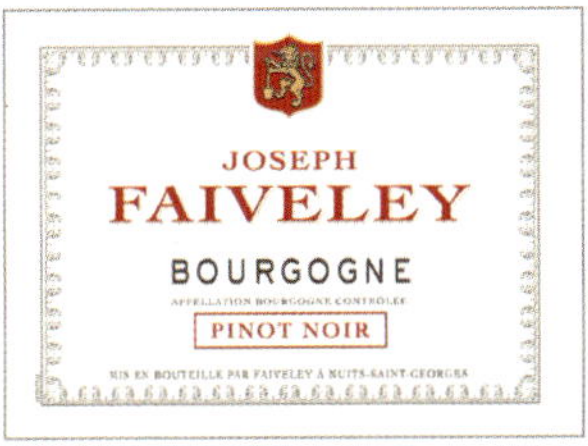

DANS LA MÊME LIGNÉE :
Pinot Noir
Joseph Faiveley
CODE SAQ : 00142448
PRIX : 23,75 $

3 351000 180610

Le Chapitre Suivant René Bouvier 2014

23,00 $

ORIGINE
Bourgogne - France

CÉPAGE
Pinot noir

À SERVIR À
15-16 °C

CARAFE
-

À BOIRE AVANT
2019-2020

SUCRE ET ALCOOL
1,3 g/l et 12,5 %

CODE SAQ
11153264

ACCORDS
Oubliez les classiques symbioses poissons et vins blancs. Dépoussiérez vos vieux bouquins d'harmonisation mets et vins et sortez des sentiers battus ! Offrez un verre de ce sensuel rouge de Bourgogne à votre pièce de saumon ou de thon et vous ferez un succès à table !

SENSUEL.

Le noble cépage bourguignon qu'est le pinot noir gagne de plus en plus de disciples, et pas seulement au Québec, mais tout le tour de la planète. Par contre, nombreux sont ceux qui ne veulent pas plonger la main trop profondément dans leur poche pour en acheter… Vous serez déçus neuf fois sur dix, les amis, si vous ne déboursez pas au moins 20-25 $ pour une quille de pinot noir. Sous la barre des 25 $, ma meilleure recommandation depuis cinq ou six ans est la même : Le Chapitre Suivant de Bouvier en Bourgogne ! Une valeur sûre, un choix intelligent et un produit fiable. Et pour accentuer le facteur émotion, je vous recommande les autres bouteilles plus haut de gamme du même producteur, qui vont jusqu'à un Échezeaux à 213 douilles !

Un grand vigneron rhodanien a dit un jour : « Un bon vin est un vin qui donne soif ! » Eh bien, la cuvée monocépage que je salue ici doit être bonne et pas à peu près, car elle fait saliver et donne soif en ciboulot. Sans vouloir vous pousser vers l'abus, je peux vous garantir qu'un verre en appellera rapidement un autre. Ce 2014 est franc, net, rassasiant et glissant au possible. La plupart des dégustateurs chevronnés ne se feront pas flouer en dégustation à l'anonyme, car le produit est fort représentatif de son cépage et de sa zone de production. Il ne possède pas une grande profondeur ni une grande structure, par contre la dose de fraîcheur et d'éclat est abondante. Je vous mets donc au défi de dénicher un plus satisfaisant rouge issu de cette variété de raisin, à moindre prix… D'ici là, rappelez-vous ces deux mots magiques : Chapitre Suivant !

ROUGE

DANS LA MÊME LIGNÉE :

Pinot Noir

Joseph Drouhin

CODE SAQ : 12157451

PRIX : 25,00 $

0 012086 538346

Barranc Dels Closos Mas Igneus 2014

23,45 $

ORIGINE
Priorat - Catalogne - Espagne

CÉPAGES
Grenache - carignan

À SERVIR À
16 °C

CARAFE
30 minutes

À BOIRE AVANT
2021-2022

SUCRE ET ALCOOL
1,9 g/l et 14,5 %

CODE SAQ
10857999

ACCORDS
Des côtes de veau, de bœuf ou d'agneau marinées aux herbes de Provence et grillées sur le BBQ. Si ce dernier est enfoui dans la neige, sur la galerie, vous pourriez servir ce vin sur des viandes sauvages cuites au four.

On rigole en compagnie du célèbre sommelier François Chartier.

IL PLAIRA ÉNORMÉMENT AUX CARNIVORES.

Si l'on retourne 10-12 ans en arrière, très peu de gens connaissaient la zone viticole du Priorat, en Catalogne, sur la côte est de l'Espagne. Pourtant, cette région peut fièrement se péter les bretelles en affirmant être un des plus prestigieux terroirs de la planète vin. Pourquoi, tout d'un coup, les amoureux de vin se sont-ils mis à triper sur les rouges du Priorat (Priorato en catalan) ? Et pourquoi en trouve-t-on tout près d'une cinquantaine sur les tablettes du monopole, alors qu'il n'y en avait à peu près pas il y a une décennie ? Pour tout cela, on peut dire merci au sommelier québécois François Chartier qui, depuis des années, a fait un boulot colossal pour mieux faire connaître ces vins espagnols chez nous. Dans la presse écrite, dans les guides qu'il a publiés, sur son blogue, François parlait fréquemment des grandes vertus des crus du Priorat, mais également de l'appellation Montsant. Les gens ont bu ses paroles, ses écrits, et, à la suite de l'augmentation de la demande du public, ont suivi les appels d'offres à la SAQ pour les vins de cette région.

On peut affirmer que l'abondant et chaud soleil catalan (qui brille près de 300 jours par année) a été généreux à l'égard des grappes de grenache et de carignan qui sont à la base de ce vin. Le produit est passablement riche, envoûtant, profond, généreux, hyper-méridional. On sent des parfums d'épices à cuisson, de poivre moulu, de feuilles de laurier… Un vin qui a du relief et de « bons biceps », qui plaira énormément aux grands carnivores.

DANS LA MÊME LIGNÉE :
Camins
Alvaro Palacios
CODE SAQ : 11180351
PRIX : 28,45 $

8 429073 016015

Quintessence Château Pesquié 2014

23,50 $

ORIGINE
Ventoux - Rhône - France

CÉPAGE
Syrah, grenache

À SERVIR À
16 °C

CARAFE
30 minutes

À BOIRE AVANT
2021-2022

SUCRE ET ALCOOL
3,7 g/l et 15 %

CODE SAQ
00969303

ACCORDS
Un vin aussi fourni et détaillé mérite un plat copieux et généreux. Une côte de cerf saignante, un filet mignon de bison ou de wapiti, un osso buco de veau aux morilles… ? Oui, toutes ces réponses !

SUCCOMBEZ À CE ROUGE.

L'an dernier, la cuvée nommée simplement « Terrasses » du Château Pesquié s'était aisément faufilée dans le Top Vins du guide. C'était une véritable révélation, un solide petit bijou, une emplette quasi sans rivale à allonger à la caisse dans votre caverne d'Ali Baba ! Si vous désirez encore plus d'émotion et de plaisir, n'hésitez pas à débourser près de 25 $ pour acheter son grand frère baptisé Quintessence. La bouteille est lourde, massive, et elle a de la gueule en ciboulot. Le jus à l'intérieur n'est par contre pas lourd ni massif ! En fait, toutes les quilles du Château Pesquié, de la famille Chaudière, sont bonnes à en « lécher son verre » ! Le domaine met des cuvées remarquables en bouteille, des vins qui possèdent beaucoup de fruit, d'éclat, de précision, de générosité et de fraîcheur ! Le célèbre critique américain Robert Parker a affirmé que Pesquié est le meilleur producteur de l'appellation Ventoux, et depuis longtemps un de ses producteurs préférés en France. Il a bien raison.

Sa coloration profonde aux reflets violacés est très foncée. C'est dense, alors n'en renversez pas sur la robe de la mariée ! Comme il n'est pas hyper-expressif, je vous suggère de le dégourdir quelque peu en carafe pour lui donner des ailes. C'est torréfié, chauffé, épicé… On hume des émanations de garrigue (végétation sauvage du sud de la France) et de poivre long. Au gustatif, la bouche est gourmande, bien généreuse (avec un 15 % d'alcool) et amplement garnie, et la finale est longue et persistante. Si vous aimez les volumineux amarones, les goûteux cabernets américains, les complexes châteauneuf-du-pape et les colorés malbecs argentins, vous devriez succomber à ce rouge du Rhône méridional.

ROUGE

DANS LA MÊME LIGNÉE :

Coudoulet de Beaucastel

Famille Perrin

CODE SAQ : 00973222

PRIX : 28,55 $

3 488423 013024

0 188985 000137

Joel Gott 815 Trinchero 2014

23,70 $

ORIGINE
Californie - États-Unis

CÉPAGE
Cabernet sauvignon

À SERVIR À
16-17 °C

CARAFE
-

À BOIRE AVANT
2020-2021

SUCRE ET ALCOOL
3,3 g/l et 13,9 %

CODE SAQ
12257014

ACCORDS
Un « hyper-cochon » hamburger bien garni d'oignons caramélisés, de fromage Comtomme, de poivrons rôtis, de ketchup maison, de cornichons, de mayonnaise au piment d'Espelette… Miam ! Vous vous régalerez aussi avec une belle pièce de viande rouge et sa sauce au porto.

Mathieu St-Amour et Mario Landry, les deux précieux collaborateurs de Philippe dans le chai à barriques d'Opus One en Californie.

POUR UN TÊTE-À-TÊTE EN AMOUREUX.

Êtes-vous un mordu de vin rouge américain ? Aimez-vous les crus de la célèbre vallée de Napa et du comté de Sonoma ? Si oui, vous devez savoir que les flacons de bonne qualité de ces deux réputées zones viticoles sont rarement abordables. Il n'y a pas de secret, il faut payer quand on veut une bonne quille de ces régions situées de 60 à 90 minutes de route au nord de San Francisco ! Surtout si vous êtes un aficionado de goûteux et musclés cabernets sauvignons. Même sur place, au vignoble, il vous faudra débourser un bon 25-30 $US pour en acheter un qui vous donnera entière satisfaction et pour éviter de tomber sur un pinard commercial bourré de sucre et de copeaux de bois… Si ce texte vous parle, que vous aimez ce genre de vin, essayez ce très réussi *king cab* du Golden State à moins de 25 $, car il s'agit d'une saprée belle réussite !

C'est un beau cabernet bien juteux, tout en saveur, goûteux à souhait, sans maquillage, pas trop alcoolisé ni abondamment boisé. Ses flaveurs sont intenses et affirmées, et le vin est gourmand et bien expressif. Le produit idéal pour un 5 à 7 grillades BBQ avec les copains, mais également pour un tête-à-tête en amoureux autour d'un filet mignon. D'ailleurs, si vous êtes de passage dans la région de Napa, passez à St. Helena déguster un délicieux burger chez Gott's. Un restaurant qui appartient au même homme qui élabore le vin ; il a de la suite dans les idées !

ROUGE

DANS LA MÊME LIGNÉE :
Cabernet Sauvignon
Franciscan
CODE SAQ : 10354603
PRIX : 30,00 $

0 083085 200220

3 760019 860503

Référence Domaine Jaume 2014

23,85 $

ORIGINE
Vinsobres - Rhône - France

CÉPAGES
Syrah – grenache - mourvèdre

À SERVIR À
16 °C

CARAFE
-

À BOIRE AVANT
2021-2022

SUCRE ET ALCOOL
2,9 g/l et 14 %

CODE SAQ
12125652

ACCORDS
Des lanières de bœuf et leur salade taboulé de quinoa (dés de tomate, persil haché, menthe fraîche, oignon rouge, jus de citron et compagnie) rejoindront «l'accent» méditerranéen de cette très plaisante quille du Rhône. Le poulet aux olives ou un pavé de thon rouge accompagné d'une salade grecque lui feront aussi honneur.

ENVOÛTANTS PARFUMS MÉRIDIONAUX.

On peut dire que les appellations voisines de Châteauneuf-du-Pape vivent un peu dans l'ombre de cette dernière zone viticole reconnue mondialement. Par contre, c'est là qu'on peut goûter des cuvées ayant des airs de famille avec celles de Châteauneuf, et ce, sans avoir la grosse facture qui va avec. Faites un essai convaincant en déboursant de 20 à 30$ pour un gigondas, un rasteau, un lirac, un vacqueyras ou même un vinsobres. Vinsobres, cette commune de la Drôme, est devenue en 2006 une appellation d'origine contrôlée (A.O.C.), un Cru des Côtes du Rhône méridionales. Ces différentes appellations utilisent à peu près les mêmes cépages qu'à Châteauneuf-du-Pape, et le climat et les sols y sont assez similaires. D'ailleurs, cette cuvée de la famille Jaume, à moins de 24$, pourrait faire la barbe à bien des fioles de cette prestigieuse A.O.C. française, car les châteauneuf-du-pape ne sont pas tous bons à s'en lécher les doigts.

Aussitôt le liège tiré et le vin versé se libèrent de multiples arômes et d'envoûtants parfums méridionaux. Le vin est ouvert, enivrant, et vous n'aurez pas besoin de le dégourdir pendant de longues minutes en carafe pour le faire bavarder. Tapenade d'olives, épices à steak, tomates séchées… Ça sent bon, ça goûte bon, c'est diablement bon, et avec de la patience, ça sera encore bon pour au moins 4-5 ans si vous avez de bonnes conditions de conservation pour bien protéger son côté fruité, sa fraîcheur et son éclat. Du bien beau «jus» rhodanien!

ROUGE

DANS LA MÊME LIGNÉE:
Le Village
Montirius
CODE SAQ: 00872796
PRIX: 21,65$

3 338693 320028

Can Blau Juan Gil 2014

24,15 $

ORIGINE
Montsant - Catalogne - Espagne

CÉPAGES
Carignan - syrah - grenache

À SERVIR À
16 °C

CARAFE
20-30 minutes

À BOIRE AVANT
2022-2023

SUCRE ET ALCOOL
2,2 g/l et 14,5 %

CODE SAQ
12658627

ACCORDS
La sève, la texture et les tanins bien enrobés de ce rouge catalan seront en bonne harmonisation avec les grillades en sauce barbecue. Côtes levées, pilons de poulet, côtelettes de porc ou hamburgers bien garnis.

8 437012 278530

IL Y A DE LA CHAIR AUTOUR DE L'OS.

On peut assez facilement percevoir des similitudes aromatiques et gustatives entre les vins rouges du Roussillon, dans le sud de la France, et ceux de la Catalogne, sur la côte est de l'Espagne. Le côté fumé et empyreumatique, le fruité bien mûr et les flaveurs épicées sont souvent présents dans les rouges de ces deux régions viticoles. Les cépages des assemblages y sont également semblables (grenache, syrah, mourvèdre, carignan...), et dans les deux cas, le climat méditerranéen y est sec et vachement ensoleillé. Je tombe d'ailleurs souvent dans le panneau, en dégustation à l'anonyme, en confondant les vins issus de ces deux endroits, tellement ils ont de petits airs de famille.

La coloration est dense, foncée et fort profonde. On voit tout de suite que nous sommes en présence d'un «grand garçon», un vin qui a de la chair autour de l'os, et que c'est le genre de *vino* à ne pas renverser sur une nappe blanche lors d'une grande soirée de gala. Son olfactif est ouvert, intense et fort expressif. On y sent du crayon-feutre, des notes de bonbons, de barrique de chêne et de réglisse noire. L'attaque en bouche est pleine, le vin est généreux, fourni, le fruité est abondant et le produit, fort complexe pour une quille qui ne coûte même pas 25$.

DANS LA MÊME LIGNÉE:
Laudis
Torres
CODE SAQ: 13034496
PRIX: 24,40$

8 410113 009302

Riserva Ducale Ruffino 2012

24,40 $

ORIGINE
Chianti Classico - Toscane - Italie

CÉPAGES
Sangiovese - merlot - cabernet sauvignon

À SERVIR À
17 °C

CARAFE
-

À BOIRE AVANT
2020-2021

SUCRE ET ALCOOL
2,7 g/l et 12,5 %

CODE SAQ
00045195

ACCORDS
Jouez la carte italienne en l'escortant d'une lasagne à la napolitaine, de linguines au pesto et aux tomates séchées, ou de cannellonis à la viande en sauce tomate.

DES NOTES D'ÉPICES, DE CACAO, DE CASSONADE.

Nombreux sont ceux qui croient que plus un vin est âgé, meilleur il sera. D'entrée de jeu, il faut comprendre que bien rares sont les bouteilles qui pourront vieillir 10, 15 ou 20 ans en cave, et être encore en bonne forme à leur ouverture. Il faut aussi comprendre qu'en vieillissant, le vin rouge perdra son fruit et offrira souvent un bouquet de cuir, de sucre brun, de notes balsamiques, de figue, de pruneau. Avec le temps, la matière tannique sera moins soutenue, le produit deviendra plus souple, moins fougueux. Donc, non, ce n'est pas parce que le vin a une ou deux décennies derrière la cravate qu'il saura automatiquement vous propulser au septième ciel en dégustation ! Faites le test en goûtant des produits qui ont de cinq à huit ans d'âge et qui sont disponibles sur nos tablettes, comme ce chianti de plus de cinq ans. Il est délicieux, mais je ne suis pas sûr qu'il fera frémir les papilles du beau-frère qui tripe sur les kangourous australiens ou sur les rosés bonbons américains, parce qu'on est ailleurs et pas à peu près !

Sa couleur aux reflets rubis et un peu briquée annonce un vin en phase secondaire, donc ayant déjà un certain âge. Dès l'ouverture, le vin libère des notes d'étui à crayons, d'épices, de poudre de cacao, de cassonade, et des tonalités balsamiques vachement invitantes. Ses saveurs sont agréables, persistantes, et le vin est passablement tannique. C'est bon en ciboulot et ça nous donne grandement envie d'aller passer deux semaines de vacances dans un des plus beaux endroits du monde, la Toscane.

ROUGE

DANS LA MÊME LIGNÉE :
Fonterutoli
Mazzei
CODE SAQ : 00856484
PRIX : 24,45 $

8 016118 121058

3 275843 090021

Château de Haute-Serre 2014

24,60 $

ORIGINE
Cahors - Sud-Ouest - France

CÉPAGE
Malbec

À SERVIR À
16-17 °C

CARAFE
30 minutes

À BOIRE AVANT
2025-2026

SUCRE ET ALCOOL
2,2 g/l et 13,5 %

CODE SAQ
00947184

ACCORDS
Misez sur des plats copieux, réconfortants et généreux à longue cuisson au four ou à la mijoteuse. Ragoût, navarin, gigot… Une fondue de cubes de cerf ou d'orignal lui conviendrait également très bien.

Bien entouré de deux des plus grands vignerons du Québec, Yvan Quirion et Charles-Henri de Coussergues.

LE MEILLEUR CAHORS DISPONIBLE À L'ANNÉE

Ne buvez-vous que des vins du Nouveau Monde assez musclés, boisés, structurés, au goût moderne et aux saveurs affirmées? Aimeriez-vous faire vos premiers pas vers un cru du vieux continent européen, qui a des airs de famille avec le genre de produits que vous buvez habituellement? Si oui, je vous suggère de mettre la main sur ce coloré, goûteux et intense rouge exclusivement fait de malbec, élaboré dans le sud-ouest de la France, dans une des appellations les plus connues des Québécois, Cahors. Malgré son ossature, ses bonnes épaules, sa générosité et sa profondeur, le vin n'est pas imposant ou encombrant pour un sou en bouche. L'expression «une main de fer dans un gant de velours» lui va à ravir!

Amateurs de bons malbecs et chasseurs de gros gibiers à poil, à vos marques, prêts, goûtez! Vous serez en présence d'un rouge bien garni aux persistantes flaveurs de cuir, de mine de crayon, de feuilles mortes, de sous-bois. La matière tannique est présente et bien généreuse, mais, je le répète, elle ne tombe pas pour autant dans le lourdaud, le pâteux ou le massif. Ce Château de Haute-Serre 2014 est bâti pour la garde et c'est sans trop d'hésitation que je vous dirai qu'il pourrait faire un «dodo» d'encore 7-8 ans en cave. À mon humble pif, c'est probablement le meilleur cahors disponible tout au long de l'année à la SAQ.

DANS LA MÊME LIGNÉE:
Château du Cèdre
CODE SAQ: 00972463
PRIX: 27,15 $

3 516483 796257

Château Mont-Redon 2014

24,75 $

3 379935 115316

ORIGINE
Lirac - Rhône - France

CÉPAGES
Grenache - syrah - mourvèdre

À SERVIR À
16 °C

CARAFE
-

À BOIRE AVANT
2020-2021

SUCRE ET ALCOOL
2,2 g/l et 14,5 %

CODE SAQ
11293970

ACCORDS
Voici l'occasion parfaite de se gâter en faisant griller quelques côtelettes d'agneau marinées à l'huile d'olive et aux herbes de Provence. Cette symbiose 100 % méditerranéenne serait assez remarquable. Pour les chasseurs, un cuissot de cerf poêlé aux canneberges serait un excellent choix.

TOUJOURS AUSSI SAVOUREUX ET SATISFAISANT.

L'immense appellation Châteauneuf-du-Pape (plus ou moins 3200 hectares de vignes) est située dans la partie méridionale des Côtes-du-Rhône, entre les villes d'Orange et d'Avignon. On en parle souvent, on en rêve, mais on en déguste assez rarement… Il faut se le dire : on doit plonger profondément la main dans sa poche pour en acheter une bonne fiole ! Mis à part le Domaine de Nalys, le Château de la Gardine, le Domaine du Vieux Lazaret ou le Château Fortia, dont les bouteilles entrent au compte-gouttes chez nous, il sera bien difficile d'en trouver un totalement satisfaisant à moins de 40 $… Par contre, si vous voulez goûter un produit qui a des airs de famille avec les produits de cette célèbre zone viticole rhodanienne, mais sans éponger la facture qui va avec, optez pour une appellation limitrophe voisine telle que Gigondas, Rasteau, Vacqueyras ou même Lirac, comme ce Château Mont-Redon. Les sols sont parfois fort semblables, les cépages sont à peu près les mêmes et le climat y est quasi identique.

Ce charmant, envoûtant et très aromatique rouge (poivre et fruits mûrs) est toujours aussi savoureux et satisfaisant que dans les millésimes précédents. Pour moins de 25 $, vous aurez droit à un vin aussi frais que plaisant. Les familles Abeille et Fabre, qui embouteillent cette cuvée du Rhône, élaborent également un Lirac blanc à 24 $ et un Châteauneuf-du-Pape rouge à 44 $ qui sont sans fausse note. Deux autres « beaux jus » qui se retrouvent de temps à autre dans mon verre Riedel !

DANS LA MÊME LIGNÉE :
Plan Pégau
Château du Pégau
CODE SAQ : 10460051
PRIX : 24,40 $

3 524364 111143

Aconcagua Costa Errazuriz 2016

24,95 $

ORIGINE
Vallée de Casablanca - Aconcagua - Chili

CÉPAGE
Pinot noir

À SERVIR À
15-16 °C

CARAFE
-

À BOIRE AVANT
2020-2021

SUCRE ET ALCOOL
2,1 g/l et 13,5 %

CODE SAQ
12611036

ACCORDS
Une grosse truite arc-en-ciel ou mouchetée entière, en papillote, avec des oignons, des herbes de Provence, du citron, du thym, des échalotes, et un Riedel Ouverture rempli au tiers de ce juteux rouge sud-américain vous mettront le sourire au visage assez rapidement !

ILS SONT RARES, LES PINOT NOIR CHILIENS SI RÉUSSIS.

Ne cherchez pas ce pinot chilien sur les tablettes en métal de la SAQ. Il entre par lots ; il ne s'agit donc pas d'un produit régulier. De toute façon, un pinot noir de cette qualité est rarement produit à grande échelle. Au moment de relire ces lignes, le 19 juillet 2017, une cinquantaine de succursales en avaient en stock à travers la province. Scrutez le site de la SAQ pour savoir s'il y en a près de chez vous, ou demandez à votre conseiller d'en transférer quelques flacons dans votre succursale. Croyez-moi, si vous êtes un mordu de rouges issus de cette variété de raisin, il en vaut les démarches, les amis ! Sans le comparer à un rouge de la Côte-d'Or, en Bourgogne, on peut le rapprocher de ceux produits en Oregon, à Niagara ou même dans le nord de la Californie. Les 25 $ demandés sont tout à fait justifiés, car ils sont bien rares, les vins si réussis dans cette fourchette de prix.

On aime qu'il soit bien garni en fraîcheur, mais pas trop alcoolisé ni trop boisé. D'invitants parfums de cerise noire, de cassis, de canneberges et d'épices douces s'élèvent du verre. Il sent bon et cela donne grandement envie de le prendre en bouche. Le gustatif est franc, excitant, salivant, et les tanins sont lisses, mais présents. En plein mon genre de « jus » à boire à la maison, au chalet ou en camping !

DANS LA MÊME LIGNÉE :

Pinot Noir

Schug

CODE SAQ : 10944232

PRIX : 30,00 $

0 744598 147784

Les Pierrelles Domaine Belle 2014

24,95 $

ORIGINE
Crozes-Hermitage - Rhône - France

CÉPAGE
Syrah

À SERVIR À
16 °C

CARAFE
-

À BOIRE AVANT
2021-2022

SUCRE ET ALCOOL
1,9 g/l et 13 %

CODE SAQ
00863795

ACCORDS
Faites briller cette belle syrah rhodanienne en lui préparant un club-sandwich 2.0 ! Cuisse de canard confite, bacon fumé à l'érable, tranche de Migneron de Charlevoix, salade roquette, mayo maison au curry, tomates bios… Vous pouvez tout simplement le charger d'escorter votre gigot d'agneau aux fines herbes.

CE VIN A TOUT POUR LUI !

Un crozes-hermitage de cette qualité, issu d'une culture bio, élaboré par un très bon producteur et qui coûte moins de 25 $, ça ne court pas les rues ! Il s'agit d'un petit domaine d'environ 25 hectares, mais, étonnamment, les quantités de ce produit à la SAQ sont fort bonnes. Alors, si vous êtes, tout comme moi, un mordu de cette noble variété de raisin qu'est la syrah, dépêchez-vous d'allonger quelques fioles de cette juteuse et pulpeuse cuvée dans votre cellier ! On peut aussi bien les déguster dès maintenant, en jeunesse sur le fruit, que dans les quatre ou cinq prochaines années. Et, pour encore plus d'émotion, surveillez les arrivages de la superbe cuvée Hermitage, également signée par Philippe Belle et son équipe, à près de 70 $ la bouteille.

Ce vin a tout pour lui ! Une brillante coloration violacée, un olfactif ouvert et invitant, un toucher de bouche frais, caressant et soyeux… C'est bon en ciboulette ! Une syrah au profil aromatique épicé, aux notes quelque peu animales et aux arômes de fleurs mauves. Le vin est passablement tannique et doté d'une fort belle définition. Bien peu de bouteilles dans cette gamme de prix nous ont procuré tant de plaisir et de satisfaction en dégustation en 2017. Un cru de la vallée du Rhône à ne pas manquer !

ROUGE

DANS LA MÊME LIGNÉE :
Oratorio
Caves des Papes - Ogier
CODE SAQ : 00917534
PRIX : 29,60 $
0 714320 145708

Syrah Cortes de Cima 2013

25,70 $

ORIGINE
Alentejano - Portugal

CÉPAGE
Syrah

À SERVIR À
16 °C

CARAFE
-

À BOIRE AVANT
2022-2023

SUCRE ET ALCOOL
3,9 g/l et 14 %

CODE SAQ
10960697

ACCORDS
Ce très bon cru portugais donnera des ailes à votre magret de canard saignant, arrosé d'une sauce au porto et servi avec une polenta crémeuse aux raisins de Corinthe. Un filet mignon sauce au poivre lui conviendrait aussi très bien.

INTENSES FLAVEURS DE FLEURS ET D'ÉPICES.

Ce n'est pas la première fois que je dévoile mon amour pour la gamme des produits du vignoble de Cortes de Cima. Le domaine familial établi à deux heures de route à l'est de Lisbonne, dans le sud du Portugal, élabore des vins qui allient énergie, gourmandise, authenticité et caractère. De 12 à 72 $ la quille, la dizaine de vins inscrits dans le répertoire de la SAQ valent de se retrouver dans votre verre à dégustation. Le Chaminé blanc à 12,65 $ est d'ailleurs un véritable petit bijou d'un impressionnant rapport qualité/prix. La syrah n'est pas un cépage fréquemment planté en sol portugais, mais chez Cortes de Cima, on en a fait un véritable cheval de bataille. Le beau rouge dont je parle ici possède un fruité abondant ainsi que d'impressionnantes et intenses flaveurs de fleurs et d'épices.

Sa coloration ne laissera personne indifférent. C'est brillant, profond, dense et violacé, et les larmes qui coulent lentement sur les parois du verre confirment la richesse du produit. C'est ouvert et expressif à l'olfactif. Réglisse, crayon-feutre, épices, fleurs mauves… C'est joufflu, pulpeux, bien fourni et fort juteux en bouche. L'acidité est là, ainsi qu'une belle assise tannique. Disons qu'une sieste de cinq ans dans la noirceur de votre cave ne lui fera pas peur.

ROUGE

DANS LA MÊME LIGNÉE :

Saint-Joseph

Les Vins de Vienne

CODE SAQ : 10783310

PRIX : 31,00 $

3 760098 130313

Cuvée la Luna Valley of the Moon 2013

26,05 $

ORIGINE
Sonoma - Californie - États-Unis

CÉPAGES
Zinfandel – syrah - cabernet - sangiovese

À SERVIR À
16 °C

CARAFE
-

À BOIRE AVANT
2021-2022

SUCRE ET ALCOOL
2,6 g/l et 14,6%

CODE SAQ
11306136

ACCORDS
Voici un vin de carnivores. Ils seront bien heureux de le jumeler à des pièces de viandes saignantes, fumées et/ou épicées: T-bone, entrecôte, bavette, gigot…

Philippe au salon du RASPIPAV, accompagné de Richard Béliveau, auteur des *Aliments contre le cancer.*

DU BIEN BEAU JUS DU GOLDEN STATE !

On louange souvent les grands vins de la célèbre vallée de Napa, située au nord de San Francisco. Il est tout à fait vrai d'affirmer qu'on y élabore de délicieux produits faits de cabernet sauvignon, de zinfandel, de sauvignon ou de syrah. Par contre, il ne faudrait pas oublier une autre région, tout près de là, celle de Sonoma. Cette dernière est plus fraîche que la Napa parce qu'elle se trouve plus près de l'océan Pacifique. On y élabore des mousseux de premier plan, des pinots noirs remarquables, des chardonnays de belle qualité. Si vous êtes de passage là-bas, faites un arrêt au Château St. Jean, chez Kenwood, Seghesio ou Valley of the Moon. Ce dernier vignoble est la propriété de la famille Stewart qui possède également le domaine Quails' Gate, dans la splendide vallée de l'Okanagan.

Il s'agit ici d'un assemblage au profil moderne, dont le taux d'alcool frôle les 15 %. Les notes d'élevage sous bois sont présentes, puisque le vin a séjourné deux ans en fût, mais, au nez comme en bouche, rien n'est abusif ou *too much*. Cette Cuvée la Luna est un assemblage de quatre cépages, dominé à 45 % par le zinfandel. On aime sa profondeur, sa dimension, sa complexité ainsi que ses saveurs gourmandes et affirmées. Du bien « beau jus » du Golden State !

ROUGE

DANS LA MÊME LIGNÉE :
Frenchtown
L'Ecole N° 41
CODE SAQ : 13234210
PRIX : 30,25 $

0 721354 850034

3 286171 003126

Château Larose-Trintaudon 2010

26,10 $

ORIGINE
Haut-Médoc - Bordeaux - France

CÉPAGES
Cabernet sauvignon - merlot

À SERVIR À
17 °C

CARAFE
-

À BOIRE AVANT
2021-2022

SUCRE ET ALCOOL
2,3 g/l et 13,7 %

CODE SAQ
11835388

ACCORDS
Des ris de veau en sauce forestière servis en duo avec une purée de pommes de terre au beurre et à la truffe noire. Oh ! Ou un onglet de bœuf grillé avec sauce bordelaise vous surprendra. Un bon flacon se doit d'être accompagné d'un bon plat, non ? Alors, gâtez-vous et soyez gourmands, les amis !

UNE SUPER-EMPLETTE !

On dit que pour élaborer un bon vin, plusieurs facteurs importants entrent en ligne de compte : un terroir ayant un sol et un climat propices à la viticulture ; le ou les cépages utilisés pour la cuvée ; le travail au chai et aux champs ; et un facteur incontrôlable, la qualité du millésime. Un gel des bourgeons printaniers, une période destructive de grêle ou même de la pluie abondante lors des semaines de vendange pourront donner de solides maux de tête à un vigneron. Ce n'est pas le cas ici et nous pouvons lever notre verre à ce quasi parfait millésime 2010. Ce dernier a été tout simplement formidable dans de nombreuses régions viticoles européennes, dont en sol bordelais. Cette magnifique année a fait grimper les prix de bon nombre de flacons des deux rives de Bordeaux. Les vignerons français l'ont dit eux-mêmes : 2010 fut un millésime de « fainéants », car Mère Nature a tout fait pour eux ! C'est une récolte formidable qui nous offre fraîcheur et précision dès maintenant, en jeunesse, mais également des fioles qui pourront flâner en cave pendant quelques années !

Le Château Larose-Trintaudon nous a gâtés ces dernières années en nous livrant des vins ayant quelques millésimes « derrière l'étiquette » ! C'est donc à nous d'en profiter, car, à moins de 27 $ la quille, c'est une super-emplette ! Fidèle aux crus médocains, ce vin offre généreusement des parfums de blague à tabac, de menthol, d'eucalyptus, de fût de chêne et de poivrons rôtis. Le cabernet sauvignon domine l'assemblage qui est complété par 40 % de merlot. L'élevage en fût de chêne est fort bien maîtrisé et le dosage « bois-fruit » est sans faille. Son invitant et charmant olfactif ne nous laisse pas tomber en dégustation, laquelle est hyper-agréable. Dans les rouges sous la barre des 30 $ à la SAQ, il fait partie de ceux qui m'ont procuré le plus de plaisir.

ROUGE

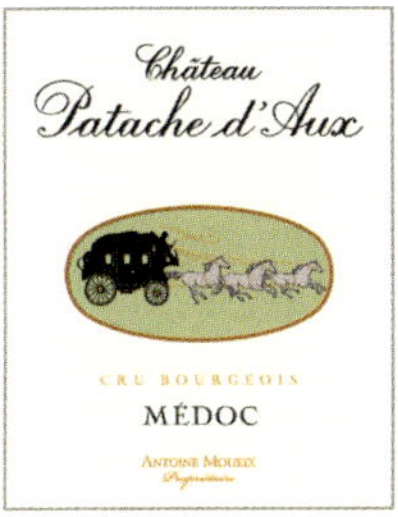

DANS LA MÊME LIGNÉE :
Château Patache d'Aux
CODE SAQ : 11338226
PRIX : 26,95 $

3 660044 100011

Brancaia 2014

26,40 $

ORIGINE
Chianti Classico - Toscane - Italie

CÉPAGE
Sangiovese

À SERVIR À
16-17 °C

CARAFE
-

À BOIRE AVANT
2021-2022

SUCRE ET ALCOOL
1,5 g/l et 13 %

CODE SAQ
12895104

ACCORDS
Une entrecôte ou une côte de bœuf sauce au poivre, une poêlée de chanterelles sautées au beurre, des frites croquantes, des légumes-racines… ? Miam, oui !

SAVOUREUX, IMPRÉGNANT ET LONG EN BOUCHE.

Quand vient le temps de mettre la main sur un bon cru du Chianti Classico, on peut se vanter d'avoir l'embarras du choix au Québec. La sélection proposée à la SAQ et en importation privée est vaste et on peut miser sur des domaines à la solide réputation. Pensons à ceux de Frescobaldi, de Ricasoli, de Ruffino, de San Felice, de Mazzei, d'Antinori, de Volpaia et bien sûr de Brancaia. La plupart de ces producteurs allient tradition, histoire et savoir-faire. Par exemple, pas moins de 32 générations se succèdent chez les Ricasoli, 29 chez Frescobaldi et 26 chez Antinori. Quand une famille a sept ou huit siècles de millésimes derrière la cravate, on peut parler de tradition… Rappelez-vous cependant que dans cette célèbre zone viticole italienne, on fait du bon et du moins bon. Il vous faudra trouver une quille d'un bon producteur, mais également d'un bon millésime, surtout si vous désirez oublier ce flacon en cave pendant quelques années.

Ce rouge vous fera vite oublier les fiasques de chianti entourées de paille que nos parents et grands-parents buvaient dans les années 1970 et 1980… Il est quelque peu moderne, un peu plus ample, plus musclé, et a davantage de profondeur que la plupart des vins de cette appellation. C'est savoureux, imprégnant et long en bouche. L'année 2014 n'est pas le plus grand millésime en Toscane, mais le produit est quand même fort réussi. Alors, on peut aisément imaginer ce que la superbe récolte 2015 réserve à ce délicieux produit. À suivre l'an prochain…

ROUGE

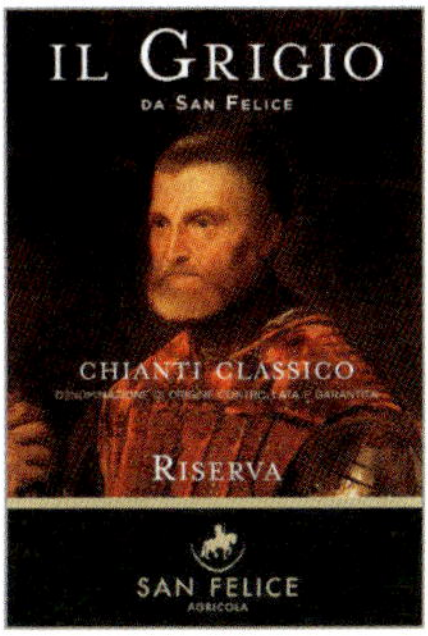

DANS LA MÊME LIGNÉE :

Il Grigio

San Felice

CODE SAQ : 00703363

PRIX : 26,30 $

0 709067 110096

Guigal 2013

26,65 $

ORIGINE
Crozes-Hermitage - Rhône - France

CÉPAGE
Syrah

À SERVIR À
16 °C

CARAFE
-

À BOIRE AVANT
2020

SUCRE ET ALCOOL
1,7 g/l et 13 %

CODE SAQ
00739243

ACCORDS
Cette syrah fera bon ménage avec des viandes saignantes, grillées et marinées aux herbes provençales, des olives noires, du poivre long…

3 536650 801003

FRAIS, FUMÉ ET PARFUMÉ, ENVOÛTANT.

C'est probablement la syrah qui m'a fait tomber en amour avec le vin en 1998-1999. Pendant ma formation en service à la restauration, mes collègues de classe et moi avions un budget assez restreint et nous achetions fréquemment des syrahs à petit prix du sud de la France ou même des shiraz du Nouveau Monde. La coloration violacée, l'olfactif ouvert et invitant, et la bouche souvent juteuse, généreuse et pulpeuse des rouges issus de cette superbe variété de raisin me charmaient à souhait. Encore aujourd'hui, je ne me lasse pas de déguster une expressive et gourmande syrah. Il est facile de voir que je ne suis pas le seul à triper sur ce cépage rhodanien, car il y a un solide buzz autour de lui. Par contre, il ne faut pas mettre toutes les syrahs dans le même panier, car on fait du bon et du vraiment moins bon avec ce cépage qui a plus de 25 siècles d'histoire viticole.

Si vous êtes prêt à allonger 25-26 $ pour vous payer une bonne quille de rouge, allez-y avec ce Crozes-Hermitage de la respectée famille Guigal et vous ne le regretterez pas. Pour bien le décrire, je dirais : frais, fumé, glissant, parfumé, facile, envoûtant, goûteux, tannique, mais souple à la fois. Les deux cuvées (blanc et rouge) en appellation Côtes du Rhône, à 19-20 $, aussi signées des Guigal, sont également tout à fait recommandables.

DANS LA MÊME LIGNÉE :
Reflets de Syrah
Domaine Grangier
CODE SAQ : 13113750
PRIX : 28,90 $

3 760254 310122

La Massa Giampaolo Motta 2014

26,70 $

ORIGINE
Toscane - Italie

CÉPAGES
Sangiovese - cabernet sauvignon - alicante - merlot

À SERVIR À
16-17 °C

CARAFE
30-40 minutes

À BOIRE AVANT
2022-2023

SUCRE ET ALCOOL
2,6 g/l et 13,5 %

CODE SAQ
10517759

ACCORDS
Des raviolis aux champignons, aux ris de veau ou au canard confit, mouillés de trois ou quatre gouttes d'huile de truffe, et cette bouteille de La Massa vous en fera « boire » et manger de toutes les couleurs. Miam ! Oui, vos papilles passeront un bien bon moment ! L'escalope de veau parmigiana sur pâtes lui ira aussi à ravir.

POUR LES AMOUREUX DE L'ENIVRANTE TOSCANE !

Les cinq zones viticoles où l'on trouve les vins qui m'ont procuré le plus de satisfaction et d'émotion en dégustation sont la Bourgogne, le Piémont, la Champagne, le Jura et la Toscane. Cette dernière région est tout simplement superbe. On y mange bien, les paysages sont magnifiques, on y trouve de splendides châteaux antiques, et c'est sans parler de la grande qualité des huiles d'olive, des vinaigres balsamiques, des pâtes, de la pizza, de la truffe noire… En plus, la tradition viticole y est très longue, le climat y est chaud et grandement favorable à la culture de la vigne, la mer Méditerranée n'est jamais trop loin et les habitants sont d'une grande gentillesse. Ma douce moitié et moi sommes follement amoureux de l'enivrante Toscane ! On peut aisément comprendre pourquoi de nombreuses personnalités et des gens bien nantis y possèdent un petit coin de paradis.

Ce rouge signé par Giampaolo Motta et son équipe exprime très bien tout le potentiel qualitatif du terroir de la Toscane. Dès l'ouverture de la bouteille, le nez libère d'envoûtants parfums de feutre, d'épices, de réglisse, de bleuet, de cerise noire… C'est assez concentré et de bonne complexité. La bouche est riche, généreuse, passablement tannique, et la finale est persistante. Bien que le millésime 2014 ait été assez difficile dans cette région italienne, le vin a de l'étoffe, une certaine structure et du relief. Du « beau jus » qui fera plaisir aux inconditionnels des vins d'Italie.

ROUGE

DANS LA MÊME LIGNÉE :

Volpolo

Podere Sapaio

CODE SAQ : 12488605

PRIX : 26,95 $

8 033315 791204

0 011373 002799

Château de Chamirey 2014

26,90 $

ORIGINE
Mercurey - Bourgogne - France

CÉPAGE
Pinot noir

À SERVIR À
15-16 °C

CARAFE
-

À BOIRE AVANT
2020-2021

SUCRE ET ALCOOL
2,7 g/l et 12,8 %

CODE SAQ
00962589

ACCORDS
J'adore servir des champignons avec des pinots bourguignons ! Des chanterelles, des pleurotes, des portobellos, des morilles dans de belles tartelettes ou pour accompagner un pavé de thon rouge grillé.

NOTES DE CERISE BROYÉE, DE CASSIS, DE CLOU DE GIROFLE.

Des dizaines de nouveaux adeptes de pinot noir m'écrivent semaine après semaine. Ils ont souvent dégusté dans une soirée un divin nectar issu de cette formidable variété de raisin et ç'a été le coup de foudre ! C'est tout à fait normal : il suffit d'un élégant chambolle-musigny ou d'un sublime gevrey-chambertin pour tomber follement amoureux du pinot. Par contre, on s'aperçoit vite fait qu'il faut « déplier pas mal de billets » pour en acheter un qui nous fera plier le genou… Il faut aussi comprendre que ce cépage est capable du meilleur comme du pire, et que ce ne sont pas tous les pinots noirs qui vous feront briller les yeux. C'est un grand capricieux qui s'acclimate à bien peu de terroirs de la planète vin. Alors, quand on en déniche un bon qui coûte moins de 25-30 $, on saisit l'occasion et on fait des réserves ! Celui-ci est un classique, certes, mais un incontournable encore cette année, sous le millésime 2014.

L'étiquette indique qu'il s'agit de la 80e édition de cette cuvée bien connue. Son nez immédiat libère des notes de cerise broyée, de cassis, de clou de girofle… On aime sa bouche soyeuse, fraîche, juteuse et fort gouleyante. Disons que votre verre ne restera pas plein bien longtemps, car la « glougloubilité » est au rendez-vous, et pas à peu près ! Ça sent bon et c'est très bon. Seule question : pourquoi le format magnum du même millésime de cette cuvée coûte-t-il plus de 70 $, alors que la bouteille régulière vaut moins de 27 $? Bizarre…

ROUGE

DANS LA MÊME LIGNÉE :
La Framboisière
Domaine Faiveley
CODE SAQ : 10521029
PRIX : 36,25 $

3 351001 441413

3 391181 031530

Les Meysonniers Chapoutier 2014

27,15 $

ORIGINE
Crozes-Hermitage - Rhône - France

CÉPAGE
Syrah

À SERVIR À
16 °C

CARAFE
-

À BOIRE AVANT
2020-2021

SUCRE ET ALCOOL
1,2 g/l et 13 %

CODE SAQ
10259876

ACCORDS
Ce bon flacon aura sa place à table à côté d'un civet de sanglier ou de lapin bien fourni en légumes-racines, en épices à cuisson et en olives noires. Un tataki de bœuf bien relevé ou un filet mignon grillé accompagné d'une poêlée de champignons de Paris seraient parfaits !

NOTES DE POIVRE LONG, DE FLEURS MAUVES.

Je serai, tu seras, elle «syrah»! Si vous saviez le nombre de dégustations thématiques que j'ai eu le plaisir d'animer en lien avec des vins issus de cette merveilleuse variété de raisin que j'adore! Vu le nombre de syrahs et/ou de shiraz qui sont disponibles sur le marché, on constate que je ne suis pas le seul amoureux de ce noble cépage rhodanien. Il y en a pour tous les goûts: des sucrés, des juteux, des racoleurs, des *juicy fruity*, des joufflus, des hyper-expressifs... On en trouve beaucoup en Australie, mais aussi dans le Languedoc, en Californie, en Amérique du Sud et en Provence, mais c'est habituellement dans la vallée du Rhône septentrional, sur des appellations comme Côte-Rôtie, Hermitage, Saint-Joseph ou Crozes-Hermitage, qu'il offre sa meilleure expression.

Ce n'est pas la première fois que nous succombons au charme immédiat de ce rouge du Rhône. Ce 2014 est délicieux et j'ai bien hâte de goûter celui de la superbe récolte de 2015, ça devrait être pas mal! Il est fort représentatif des bonnes syrahs de climat frais que l'on trouve dans cette zone viticole. Notes de poivre long, de fleurs mauves, de viandes saignantes... C'est frais, c'est glissant, c'est de «bonne descente» et sans la moindre lourdeur gustative. Du beau et bon vin signé par un des plus talentueux vignerons de la planète vin, Michel Chapoutier.

ROUGE

DANS LA MÊME LIGNÉE:

Prestige

Mas du Novi

CODE SAQ: 12829617

PRIX: 29,30$

3 760113 401909

3 192040 503812

Côtes Rocheuses 2012

27,25 $

ORIGINE
Saint-Émilion Grand Cru - Bordeaux - France

CÉPAGES
Merlot - cabernet sauvignon

À SERVIR À
17 °C

CARAFE
-

À BOIRE AVANT
2020-2021

SUCRE ET ALCOOL
2,6 g/l et 13,5 %

CODE SAQ
00704817

ACCORDS
Une réconfortante assiette de bœuf Stroganoff cuit à la mijoteuse, bien garni de champignons et de légumes-racines, et ce Saint-Émilion vous feront passer un bien bon moment. Le merlot et le champignon ont ce côté sous-bois qui assure un mariage parfait.

SES PARFUMS DE HAVANE SONT ENIVRANTS.

Ce n'est pas un secret : si on veut allonger un ou deux bons rouges bordelais dans sa réserve, il faut être prêt à délier un peu les cordons de sa bourse. Et pour ne pas être déçu à l'ouverture de la bouteille, on doit, entre autres, chercher le bon producteur et le bon millésime… Donc, oui, si on désire un pauillac, un pomerol, un margaux ou un saint-julien qui offrira plaisir, émotion et entière satisfaction, il faut fouiller et surtout dépenser ! Cela dit, vous n'êtes pas seul si vous vous sentez déstabilisé devant une zone viticole si étendue (une soixantaine d'appellations, quelque 120 000 hectares de vignes plantées et plus de 9000 viticulteurs), offrant un choix si vaste. Heureusement, votre chroniqueur vin arrive à la rescousse pour vous dénicher de bons produits qui ne vous laisseront point sur votre soif. Voici d'ailleurs un ciboulot de bon Grand Cru du Libournais à 27 $ et des gouttelettes !

Cet assemblage de merlot et de cabernet sauvignon a cinq ans, et les années lui vont à ravir. Même si vous pouvez le conserver en cave encore trois ou quatre ans sans trop de soucis, le vin sera parfait dès maintenant. Son bouquet aux notes de cuir, de tabac à pipe, de boîte à cigares, et ses parfums de havane sont enivrants et fort plaisants. Un dégustateur qui roule sa bosse depuis quelques années pourrait facilement opter pour un rouge de la rive droite de Bordeaux en dégustation à l'anonyme. Car, avec ses arômes de sous-bois, de feuilles mortes et de champignons, ce vin est fort représentatif de sa région de production.

DANS LA MÊME LIGNÉE :
Château Garraud
CODE SAQ : 00978072
PRIX : 29,85 $

3 391262 012014

0 690171 001090

Les Côtes de l'Ouest Domaine Terre Rouge 2012

27,40 $

ORIGINE
Californie – États-Unis

CÉPAGE
Syrah

À SERVIR À
16 °C

CARAFE
–

À BOIRE AVANT
2022-2023

SUCRE ET ALCOOL
2,5 g/l et 14,5 %

CODE SAQ
00897124

ACCORDS
Une planche d'antipasti à l'huile d'olive, une côte de cerf sauce au poivre, un coq au vin rouge… Ces trois plats lui iront comme un gant, mais pas tous dans la même assiette, bien sûr !

EXQUIS !

Combien de fois par année, dans des événements vin, ai-je entendu quelqu'un me dire « Aaahh, moi, les vins américains, je ne suis pas capable ! » ? Nombreux sont ceux qui ont goûté des produits californiens un peu plus commerciaux ou même des cuvées plus haut de gamme dotées d'une grande concentration et/ou d'un boisé un peu trop « appuyé ». Évidemment, ceux qui affectionnent les délicats et tout en dentelle pinots noirs de Bourgogne ou les soyeux et fins chiantis de Toscane et qui tombent sur un zinfandel ou un cabernet du Golden State au style « gomme balloune »... peuvent les trouver assez *turn off* et pour le moins imposants. Par contre, il ne faut surtout pas mettre toutes les fioles des États-Unis dans le même panier (ou dans la même carafe !). Certains producteurs mettent en bouteille d'épatantes cuvées. Je pense entre autres au talentueux vigneron Bill Easton. Ce dernier s'est installé dans les Sierra Foothills en Californie, une région fraîche qui possède un climat et un sol parfaitement adaptés aux cépages rhodaniens (grenache, syrah, roussanne, mourvèdre, viognier...).

C'est certainement la troisième ou quatrième fois que cette délicieuse syrah du Domaine Terre Rouge figure dans mon guide annuel ; et cette place est grandement méritée. Le vin est exquis ! Vous pourriez vous aussi tomber dans le panneau en croyant déguster un flacon des Côtes du Rhône (9000 km séparent pourtant ces deux régions !). C'est tout en fraîcheur, épicé, de fort bon goût, imprégnant, sans lourdeur, et ce, même si on frôle les 15 % d'alcool. Si vous avez l'habitude de bouder les vins californiens, voici une excellente façon de renouer avec eux !

ROUGE

DANS LA MÊME LIGNÉE :

6th Sense

Michael David

CODE SAQ : 11409371

PRIX : 22,90 $

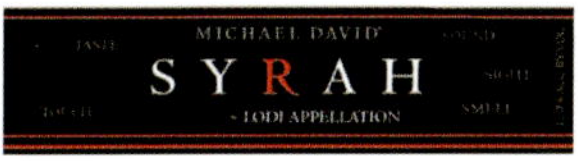

0 652935 100098

Le Volte Ornellaia e Masseto 2014

28,55 $

ORIGINE
Toscane - Italie

CÉPAGES
Merlot - sangiovese - cabernet sauvignon

À SERVIR À
17 °C

CARAFE
60 minutes

À BOIRE AVANT
2023-2024

SUCRE ET ALCOOL
1,8 g/l et 13,5 %

CODE SAQ
10938684

ACCORDS
C'est en plein le temps de mijoter un plat de magret de canard, d'agneau ou de filet mignon de bœuf. Ses tanins et la complexité de ses saveurs permettent de maximiser la symbiose en ajoutant un lobe de foie gras poêlé.

0 877397 000421

NOUS NOUS SOMMES RÉÉÉÉÉGALÉS !

Cette cuvée Le Volte est en quelque sorte le «petit bébé» du célèbre vin toscan Ornellaia. Un cru qui partage de petits airs de famille avec ce «grand cru» fort convoité par les collectionneurs de fioles de haute voltige ! Vous aurez donc la chance de savourer un «fragment» du fameux Ornellaia pour moins de 30 $ en mettant la main sur la bouteille italienne que je vous recommande ici. Il y a deux cépages bordelais et un toscan dans l'assemblage, soit du cabernet sauvignon, du merlot et du sangiovese. Les plus patients pourront l'oublier encore au moins 6-7 ans dans la noirceur et la fraîcheur de leur réserve. Si vous l'ouvrez dès ce soir, offrez-lui une bonne aération en carafe.

Nous nous sommes réééééégalés en goûtant ce candidat ! La couleur profonde annonce un vin de bonne concentration. L'olfactif offre des arômes d'humidor à cigares, de cuir, de fruits rôtis, de cheminée refroidie et de bois de chêne. La bouche est droite, joufflue, de belle précision, et les tanins sont présents et bien compacts. En fouillant sur le site saq.com, vous trouverez de festifs magnums (1,5 litre) et même quelques doubles magnums (3 litres). J'ai d'ailleurs un très bon souvenir d'un double magnum 2007 dégusté sur un ponton, avec les copains, par une magnifique journée d'été sur le lac Memphrémagog… Miam ! Un pur délice !

ROUGE

DANS LA MÊME LIGNÉE :
Lucente
Luce della Vite
CODE SAQ : 00860627
PRIX : 33,35 $

8 002366 100938

3 372220 120019

Château Montus 2011 **28,85 $**

ORIGINE
Madiran - Sud-Ouest - France

CÉPAGES
Tannat - cabernet sauvignon

À SERVIR À
16-17 °C

CARAFE
60 minutes

À BOIRE AVANT
2027-2028

SUCRE ET ALCOOL
2,9 g/l et 14,5 %

CODE SAQ
00705483

ACCORDS
Si vous allez chez Laurence et Alain Brumont, vous mangerez sûrement un copieux et convivial cassoulet avec ce rouge gascon. Plus près de chez nous, vous pourriez l'harmoniser avec une tourtière du Lac, un osso buco ou un cipaille.

On s'amuse dans le show de radio d'Éric Salvail.

INTENSE ET GÉNÉREUX.

Connaissez-vous le cépage tannat ? Son nom a une parenté avec « tannique » et ce n'est pas un hasard ! Il est à la base de vins rouges puissants, aux bonnes épaules. Cette variété de raisin pousse principalement dans le sud-ouest de la France, dans des appellations comme Madiran, Brulhois ou Cahors, mais également dans certains pays d'Amérique du Sud et d'Amérique centrale, tels l'Uruguay, l'Argentine, le Brésil et même le Pérou. Le tannat est souvent assemblé avec le cabernet sauvignon, le cabernet franc, le malbec et/ou le merlot. Il donne la plupart du temps des rouges assez relevés, qui ont du corps et une certaine structure. Ce cépage est toujours présent dans les vins rouges de la zone viticole de Madiran, tout près des Pyrénées.

Si vous aimez les rouges de bonne mouture, qui ont des saveurs affirmées et une bonne assise tannique, mettez la main sur cette délicieuse quille du célèbre Château Montus ! Une bouteille au contenu goûteux, intense, généreux et fort détaillé. Les « bouches fragiles » et les buveurs de beaujolais nouveau devraient peut-être s'abstenir, car disons qu'il y a de la chair autour de l'os en ciboulot… Vous serez en présence d'un produit savoureux et bien fourni, qui a séjourné 14 mois en barrique, qui possède pas moins de 15 % d'alcool et un potentiel de garde assez épatant ! Une sieste d'encore une décennie, bien allongé dans le confort et la noirceur de votre réserve, n'aura rien pour lui déplaire.

DANS LA MÊME LIGNÉE :
Serenidad
Casa Magrez
CODE SAQ : 12395513
PRIX : 26,00 $

Tête-à-Tête Domaine de la Terre Rouge 2010

31,25 $

ORIGINE
Californie - États-Unis

CÉPAGES
Syrah - mourvèdre - grenache

À SERVIR À
16 °C

CARAFE
-

À BOIRE AVANT
2020-2021

SUCRE ET ALCOOL
1,2 g/l et 14,5 %

CODE SAQ
10745989

ACCORDS
Les viandes grillées, fumées ou braisées lui iront comme un « grand ». Une assiette de smoked meat, des côtelettes d'agneau bien marinées ou un braisé de bœuf au vin rouge seront en bien bonne union avec cette cuvée expressive.

IL SENT LES HERBES PROVENÇALES À PLEIN NEZ !

Si votre dernier «tête-à-tête» avec un vin californien remonte à 10 ou 15 ans et qu'il s'agissait d'un mastodonte fait de zinfandel ou de cabernet sauvignon titrant 15 % et qui goûtait pas mal plus le «jus de planche» que le vin, vous devriez mettre la main sur la fiole que je vous présente ici ! Bien des amateurs de vin ont laissé tomber les vins américains après une rencontre un peu brutale avec un blanc hyper-boisé ou un rouge un peu trop ambitieux, et je les comprends totalement. Par contre, les choses ont bien évolué, il ne faut surtout plus faire l'erreur de tous les mettre dans le même panier, ces vins américains ! Pour vous réconcilier avec les produits de la Californie, goûtez cette cuvée du talentueux vinificateur Bill Easton, c'est un vrai délice !

L'assemblage est composé de trois cépages rhodaniens. En dégustation à l'anonyme, vous croirez boire un rouge du Rhône méridional. Un gigondas, un vacqueyras, un châteauneuf-du-pape… ? Oui, exactement ! C'est savoureux, épicé, poivré, et ça sent les herbes provençales à plein nez. On aime la profondeur, les saveurs, le relief et les détails qui sont présents au gustatif. Cette quille américaine vaut absolument le prix qu'on en demande !

ROUGE

DANS LA MÊME LIGNÉE :
Château-Fortia
CODE SAQ : 11171286
PRIX : 38,75 $

3 386851 109015

Jean-Pierre Moueix 2012

31,60 $

ORIGINE
Pomerol - Bordeaux - France

CÉPAGES
Merlot - cabernet franc

À SERVIR À
17 °C

CARAFE
-

À BOIRE AVANT
2021-2022

SUCRE ET ALCOOL
2,2 g/l et 14 %

CODE SAQ
00739623

ACCORDS
Accompagnez cette très bonne fiole bordelaise d'une côte de veau ou d'une côte de bœuf mouillée d'une sauce forestière, et vous passerez de forts bons moments. N'oubliez pas la poêlée de légumes-racines sautés au beurre !

DU CIBOULOT DE BEAU VINO DE BORDEAUX !

Le Libournais est une région de la rive droite de Bordeaux. On y trouve des appellations comme Fronsac, Lalande-de-Pomerol, Saint-Émilion, Canon-Fronsac, Pomerol… D'ailleurs, Pomerol abrite de très prestigieux domaines et châteaux, dont Hosanna, L'Évangile, Le Pin, Clinet, La Conseillante, Trotanoy et même le célèbre Petrus ! Ces crus de haute voltige malmèneront votre carte de crédit, mais ils vous procureront d'intenses heures de dégustation si vous avez la patience de les attendre quelques années en cave. Les vins de Pomerol (notez que cette appellation ne produit que du rouge) sont assez dispendieux et il vous sera impossible d'en trouver en succursale à moins de 30 $ la bouteille. Rappelez-vous aussi que les vins de cette commune sont tous dominés par un cépage international, le très connu merlot.

Ce vin de la famille Moueix est très représentatif des cuvées de la rive droite de Bordeaux. Disons qu'un amoureux des vins de cette prestigieuse zone viticole ne se ferait pas flouer en dégustation à l'aveugle (ou « à l'anonymat », comme dit le grand Jacques Orhon !). Il est passablement évolué et ses cinq ans d'âge lui vont à merveille. Il offre un bouquet de mine de crayon de plomb, de cuir, de truffe noire, de sachet de thé humecté, de terre humide… Bref, pas besoin d'en rajouter, vous comprenez que le vin possède une certaine dimension, du détail, de la profondeur et une bonne complexité aromatique. Les tanins sont encore bien présents, mais nullement asséchants ou agressants. Du ciboulot de beau vino de Bordeaux !

ROUGE

DANS LA MÊME LIGNÉE :
Château La Croix des Moines
CODE SAQ : 00973057
PRIX : 26,70 $

3 448940 002284

Domaine de Nalys 2012

35,85 $

ORIGINE
Châteauneuf-du-Pape - Rhône - France

CÉPAGES
Grenache - syrah - mourvèdre

À SERVIR À
16 °C

CARAFE
-

À BOIRE AVANT
2021-2022

SUCRE ET ALCOOL
1,7 g/l et 14,5%

CODE SAQ
00972653

ACCORDS
Tirez-lui le bouchon entre les froids mois de novembre et de février, sur de copieux et réconfortants plats en sauce de longue cuisson, comme l'osso buco de veau ou de porc, le navarin d'agneau ou un mijoté de bœuf…

IL SENT LA GARRIGUE !

La réputée commune de Châteauneuf-du-Pape tient son nom de l'ancien château de villégiature des papes, construit de 1317 à 1333. Le spectaculaire bâtiment fut occupé par les Allemands lors de la Seconde Guerre mondiale, mais malheureusement ceux-ci le firent exploser le 20 août 1944. Les ruines du château sont réduites à environ un mur et demi, mais elles en valent amplement la visite. Non loin du village, vous pourriez également visiter les villes d'Avignon et d'Orange. La surface plantée en vignes de l'appellation est d'environ 3200 hectares, ce qui en fait une des plus vastes de toute la France. Comme partout ailleurs, à Châteauneuf on fait du bon, mais aussi du moins bon… Il faut donc fouiller pour trouver les meilleurs producteurs, car de nombreux vins rouges (et quelques blancs !) de cette zone viticole mondialement reconnue nous ont laissés sur notre soif ces dernières années.

Ce Château de Nalys nous a paru en grande forme et plus structuré que jamais sous le millésime 2012 ! On y dénote au visuel des signes d'évolution et c'est tout à fait normal, puisque le vin a 5-6 ans d'âge. Une coloration un peu tuilée aux reflets rubis, un nez ouvert, engageant qui invite à prendre le produit en bouche. On me demande souvent ce que sent la garrigue (végétation sauvage du sud de la France). Eh bien, vous en aurez un fort bon exemple avec ce généreux et fort expressif gaillard aux bonnes épaules. C'est ample, passablement riche, et une « belle sève » est présente au gustatif. On frôle presque les 15 % d'alcool, mais le tout reste frais, sans lourdeur et aucunement encombrant.

ROUGE

DANS LA MÊME LIGNÉE :
Le Cigare Volant
Bonny Doon
CODE SAQ : 10253386
PRIX : 40,00 $

0 769434 103267

Knights Valley Beringer 2014

36,10 $

ORIGINE
Sonoma - Californie - États-Unis

CÉPAGE
Cabernet sauvignon

À SERVIR À
16-17 °C

CARAFE
-

À BOIRE AVANT
2025-2026

SUCRE ET ALCOOL
3,8 g/l et 14,3 %

CODE SAQ
00352583

ACCORDS
Les carnivores seront aux petits oiseaux avec ce rouge américain aux saveurs affirmées. Un steak Cowboy ou Tomahawk saignant et bien assaisonné, des frites à la grecque, et le tour est joué !

0 089819 003471

VIRIL ET DE BONNE MOUTURE.

Les frères Jacob et Frederick Beringer avaient fondé ce domaine californien en 1876. Jacob était l'homme de la vigne et Frederick, celui des finances. À cette époque, on pouvait compter les vignobles américains pratiquement sur les doigts d'une seule main. Tous deux ont cru au potentiel viticole du Golden State des États-Unis d'Amérique, et 14 décennies plus tard on peut leur donner amplement raison. La Californie est apte à faire des vins merveilleux, de même l'Oregon, la Virginie, les États de Washington et de New York. Voici d'ailleurs un ample et goûteux *king cab* des USA !

Le vin a une coloration très profonde, avec des reflets violacés, qui laisse présager qu'il a de l'étoffe, de la charpente et de bonnes épaules. Sans tomber dans la lourdeur ni dans la confiture, le vin est tannique, viril et de bonne mouture. Il s'agit d'une cuvée exclusivement faite de grappes de cabernet sauvignon récoltées à la main. Donc, oui, c'est intense, « tout d'un bloc » et moderne, mais l'« indice de buvabilité » demeure quand même assez élevé. Un séjour de 8-9 ans en cave, sans que le produit soit à bout de souffle, est envisageable.

ROUGE

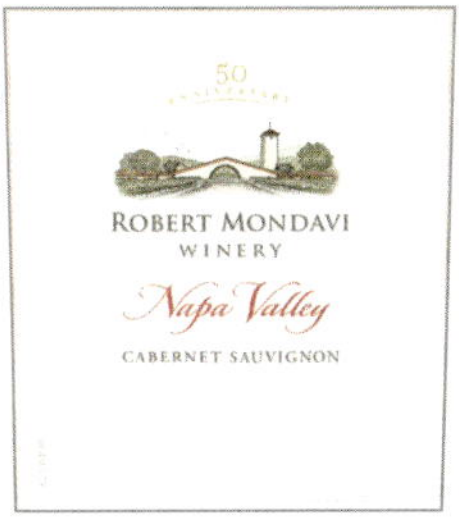

DANS LA MÊME LIGNÉE :
Cabernet Sauvignon
Robert Mondavi
CODE SAQ : 00255513
PRIX : 35,00 $

0 086003 051843

8 002366 089264

Castel Giocondo Marchesi di Frescobaldi 2012

48,35 $

ORIGINE
Brunello di Montalcino - Toscane - Italie

CÉPAGE
Sangiovese

À SERVIR À
17-18 °C

CARAFE
-

À BOIRE AVANT
2022-2023

SUCRE ET ALCOOL
2 g/l et 14,5 %

CODE SAQ
10875185

ACCORDS
Une poêlée de ris de veau aux cèpes ferait honneur à ce ravissant vin de la Toscane. Une pièce de bœuf AAA vieilli plusieurs jours et cuit juste à point et son risotto crémeux à la truffe noire seraient également une excellente idée. Bref, pensez belles viandes et élégants champignons, et vous ne vous tromperez pas !

UNE MAGNIFIQUE FIOLE ITALIENNE !

J'aimerais bien insérer dans ce bouquin plus de suggestions de bons flacons à 40, 50 ou 60$, comme celui-ci. Malheureusement, les crus de cette fourchette de prix ne sont habituellement pas disponibles en grande quantité dans le réseau de la SAQ. Ce sont souvent des cuvées issues de terroirs prestigieux, de vieilles vignes, de plus petits producteurs, mais aussi et surtout des vins faits en plus petits lots. Ce brunello était dans 134 succursales à la mi-juillet 2017, donc en très bonne disponibilité pour ce type de produit. Alors, si vous avez un diplôme qui vient d'arriver par la poste, une augmentation de salaire, un mariage ou tout autre événement festif à célébrer, sortez 50 douilles de vos poches et mettez la main sur cette magnifique fiole italienne de la famille Frescobaldi !

Ne vous fiez pas à sa coloration peu profonde qui n'est pas des plus invitantes, car sous cette robe aux reflets grenat quelque peu tuilés se cache un vin tout simplement délicieux ! Les envoûtants parfums de pâte de tomates, de tapenade d'olives noires, de cerises confites et d'épices douces sont exquis. Le toucher de bouche est fin, caressant, et le produit possède du détail ainsi qu'une très belle définition. Un vin à la fois soyeux, complexe, harmonieux et tout en velours. Son seul défaut est de ne pas être un magnum de 1,5 litre… Car, croyez-moi, vous verrez le fond de la bouteille en criant lapin (ou plutôt en criant brunello !).

DANS LA MÊME LIGNÉE :
Casanova di Neri
CODE SAQ : 10961323
PRIX : 64,25$

8 025862 080009

TOP 10

VINS POUR LES MARIAGES ET AUTRES RÉCEPTIONS

Il ne se passe pas une journée sans que quelqu'un m'écrive pour me demander deux ou trois noms de vins à petit prix pour un mariage, un méchoui, un brunch. On veut offrir aux convives des cuvées mieux que juste «buvables», mais sans malmener son compte bancaire. Voici donc quatre vins blancs et six vins rouges à moins de 14$, qui seront dans le mille pour faire plaisir à vos invités lors des journées les plus festives ou les plus importantes de votre vie. Quand la visite s'annonce en grand nombre, ayez votre petite liste à la main!

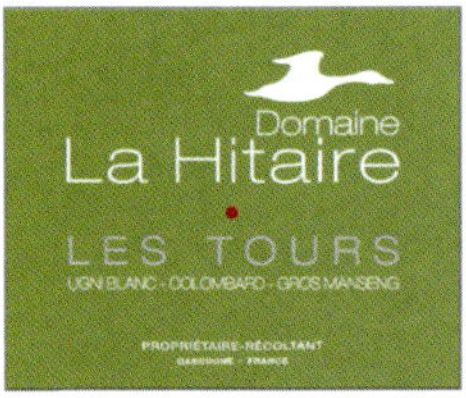

Les Tours
Domaine La Hitaire 2016
Sud-Ouest/France
CODE SAQ: 00567891
PRIX: 9,25$
3 359884 180016

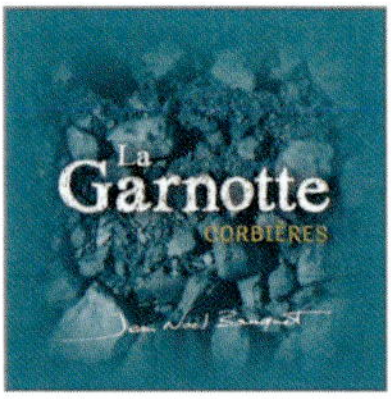

La Garnotte
Jean-Noël Bousquet 2015
Languedoc-Roussillon/France
CODE SAQ: 11374411
PRIX: 10,35$
3 564732 007029

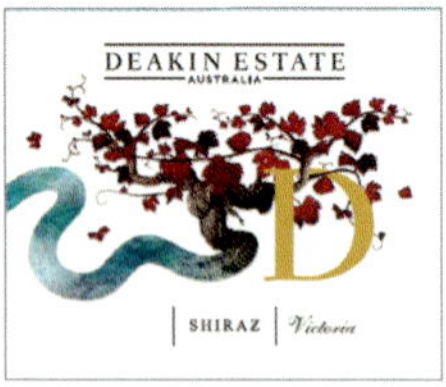

Shiraz
Deakin Estate 2016
Victoria/Australie
CODE SAQ: 00560821
PRIX: 11,20$
0 636662 057320

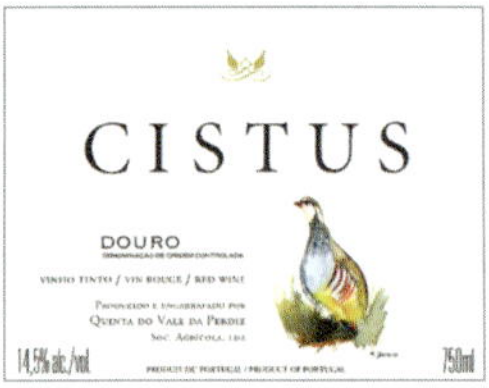

Cistus
Quinta do Vale da Perdiz 2015
Douro/Portugal
CODE SAQ: 10841161
PRIX: 11,55$
5 605567 203113

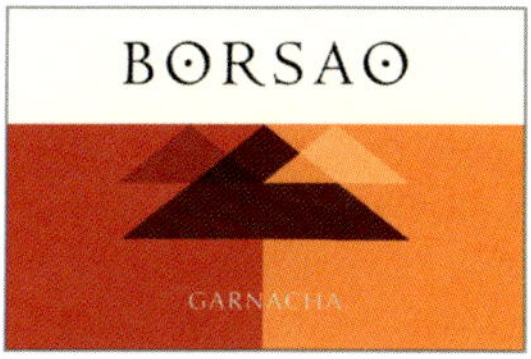

Selección Garnacha
Borsao 2015
Aragon/Espagne
CODE SAQ : 10324623
PRIX : 11,80 $
8 412423 120036

Chaminé
Cortes de Cima 2016
Alentejo/Portugal
CODE SAQ : 11156238
PRIX : 12,65 $
5 603790 004200

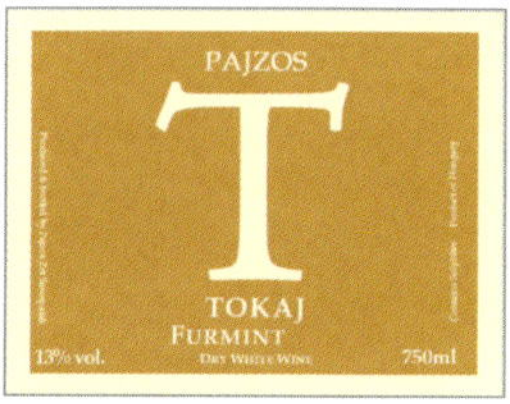

Tokaj Furmint
Château Pajzos 2016
Tokay/Hongrie
CODE SAQ : 00860668
PRIX : 13,45 $
5 998830 730431

Petit Chenin Blanc
Ken Forrester 2016
Afrique du Sud
CODE SAQ : 10702997
PRIX : 13,55 $
0 683652 000668

Cusumano Syrah
2016
Sicile/Italie
CODE SAQ : 10960777
PRIX : 13,55 $
8 028262 000158

Marius
M. Chapoutier 2015
Languedoc-Roussillon/France
CODE SAQ : 11975196
PRIX : 13,55 $
3 391181 600057

VINS MOUSSEUX

Je ne sais pas pour vous, mais, de mon côté, je n'ai jamais eu les moyens de déguster des bulles champenoises toutes les semaines ! Comme il existe de très bons vins mousseux un peu partout sur la planète-vin, vous aurez l'embarras du choix en y allant avec des vins effervescents du nord de l'Italie, de la côte est ibérique, de la Californie, de la Hongrie, etc. Sans oublier les centaines de crémants du Jura, de la Loire, de Bourgogne ou d'Alsace disponibles sur notre marché. Voici donc une « émoustillante » sélection de 10 des meilleurs vins mousseux que Mathieu et moi avons goûtés cette année.

Reserva Brut
Segura Viudas
Catalogne/Espagne
CODE SAQ : 00158493
PRIX : 14,05 $
0 033293 690009

Pureté de Silex
Vincent Girault
Loire/France
CODE SAQ : 12486108
PRIX : 19,50 $
3 476989 000169

Brut
Ackerman
Loire/France
CODE SAQ : 13188891
PRIX : 20,40 $
3 221580 054833

1312
Mestres
Catalogne/Espagne
CODE SAQ : 13232581
PRIX : 20,55 $
8 437001 132010

Essential

Juvé & Camps
Catalogne/Espagne
CODE SAQ : 13005847
PRIX : 22,40 $

8 424487 300804

Clos des Demoiselles

Laurens
Languedoc-Roussillon/France
CODE SAQ : 10498973
PRIX : 22,50 $

3 760072 420126

Blanc de Blancs Brut

Vitteaut-Alberti
Bourgogne/France
CODE SAQ : 12100308
PRIX : 23,95 $

3 760078 490079

Brut

Rolet Père & Fils
Jura/France
CODE SAQ : 10653380
PRIX : 24,85 $

3 361128 170028

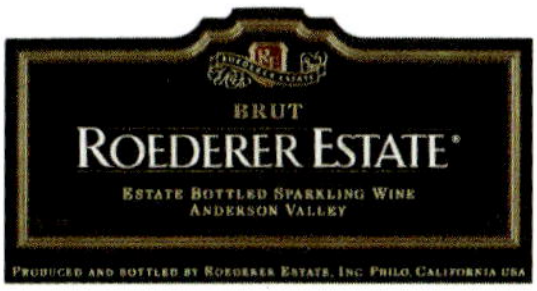

Brut

Roederer Estate
Californie/États-Unis
CODE SAQ : 294181
PRIX : 33,85 $

0 097546 102008

Cuvée Prestige

Ca'del Bosco
Lombardie/Italie
CODE SAQ : 11008024
PRIX : 43,00 $

8 032727 260117

CHAMPAGNES

Ah ! le champagne ! Juste le mot fait briller les yeux des dames et fait frémir d'excitation nos papilles ! Le son du bouchon qui s'expulse de la bouteille et qui saute au plafond sait si bien démarrer la fête et accrocher des sourires ! La sélection proposée chez nous est vaste et malheureusement les meilleurs champagnes côtoient souvent les pires… Le prix d'une bouteille n'en dit pas nécessairement long sur sa qualité, et plusieurs flacons champenois à « gros prix » nous ont laissés sur notre soif ces dernières années. Depuis trois ou quatre ans, la SAQ a fait un bien bel effort en augmentant l'offre des champagnes à moins de 50-60 $ élaborés par de plus petits producteurs. C'est donc à nous d'en profiter, les amis !

Brut 2004
Vincent Couche
Champagne
CODE SAQ : 12399434
PRIX : 42,75 $

Blanc de Blancs
Paul Goerg
Champagne
CODE SAQ : 11766597
PRIX : 45,75 $

Brut Nature, Zéro Dosage
Drappier
Champagne
CODE SAQ : 11127234
PRIX : 48,25 $

Blanc de Noirs
Fleury
Champagne
CODE SAQ : 13090631
PRIX : 53,75 $

Brut
Nathalie Falmet
Champagne
CODE SAQ : 11797377
PRIX : 55,00 $
3 760198 550004

Réserve Brut
Taittinger
Champagne
CODE SAQ : 10968752
PRIX : 59,75 $
3 016570 001030

Cuis 1er Cru, Blanc de Blancs
Pierre Gimonnet & Fils
Champagne
CODE SAQ : 11553209
PRIX : 61,00 $
3 490920 000117

Brut
Pol Roger
Champagne
CODE SAQ : 00051953
PRIX : 61,50 $
3 260923 012000

Brut Réserve
Billecart-Salmon
Champagne
CODE SAQ : 10653347
PRIX : 63,25 $
3 113941 213105

Blanc de Blancs
Henriot
Champagne
CODE SAQ : 10796946
PRIX : 78,75 $
3 284890 615101

TOP 10

VINS D'APÉRO

Cette nouvelle section, qui voit le jour cette année, salue 10 vins qui auront leur place avant et/ou en début de repas. Pas de cocktails, car on n'y connaît pas grand-chose, mais plutôt des vins frais, aériens, précis, digestes, sans sucre ni élevage en fût de chêne marqué, et dotés d'un bel éclat. Servez-les en solo en guise d'apéro, sur des hors-d'œuvre et des canapés de bienvenue. Pour une entrée en matière réussie, que du bonheur pour le palais!

Vale da Judia
Santo Isidro de Pegões 2015
Peninsule de Setúbal/Portugal
CODE SAQ: 10513184
PRIX: 10,00$
5 603016 000795

Angimbé
Cusumano 2016
Sicile/Italie
CODE SAQ: 11097101
PRIX: 13,35$
8 028262 000066

Tupungato, Passo Blanco
Masi 2016
Mendoza/Argentine
CODE SAQ: 12355431
PRIX: 13,55$
8 002062 001768

Loureiro
Quinta de Gomariz 2015
Minho/Portugal
CODE SAQ: 11895233
PRIX: 16,30$
5 600303 380110

Five Vineyards
Mission Hill 2015
Colombie-Britannique/Canada
CODE SAQ : 00300301
PRIX : 16,60 $
0 776545 995889

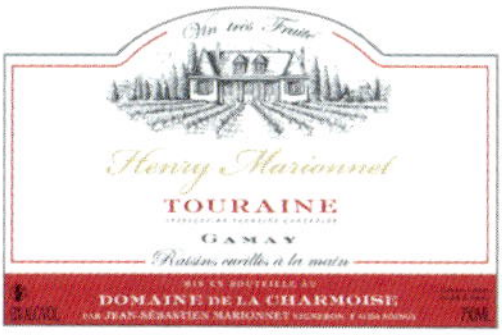

Domaine de la Charmoise
Henry Marionnet
Loire/France
CODE SAQ : 00329532
PRIX : 16,75 $
3 510170 000030

Albariño
Paco & Lola
Galice/Espagne
CODE SAQ : 12475353
PRIX : 17,20 $
8 437008 356020

Domaine des Huards, Romo
Michel Gendrier 2013
Loire/France
CODE SAQ : 12476401
PRIX : 21,95 $
3 494980 001107

Jean Foillard
2015
Beaujolais/France
CODE SAQ : 12454958
PRIX : 24,05 $
3 765682 220029

1er Cru Vaulignot
Louis Moreau 2015
Bourgogne/France
CODE SAQ : 00480285
PRIX : 30,35 $
3 452460 002242

TOP 10

VINS DU QUÉBEC

On va se le dire, nous aurions eu besoin d'au moins trois ou quatre pages pour répertorier tous les vins du Québec que nous avons dégustés cette année et qui nous ont procuré du plaisir, de l'émotion et de la satisfaction. Le problème est que de nombreuses cuvées sont élaborées en très petite quantité ; et souvent elles ne sont disponibles que chez le producteur. Voici donc, pour le bonheur de vos papilles (ou pour clouer le bec à un beau-frère qui lève le nez sur les produits de notre belle province !), 10 vins de chez nous (sept blancs, deux rouges et un rosé) qui nous ont séduits et que vous trouverez facilement dans les succursales de la SAQ.

Versant Blanc
Coteau Rougemont 2015
Montérégie
CODE SAQ : 11957051
PRIX : 14,30 $
0 859670 001226

Domaine de Lavoie Blanc
2015
Montérégie
CODE SAQ : 00741231
PRIX : 14,55 $
0 827924 039202

Vignoble du Marathonien
2016
Montérégie
CODE SAQ : 11398325
PRIX : 14,55 $
0 827924 017019

Champs de Florence
Domaine du Ridge 2016
Cantons-de-l'Est
CODE SAQ : 00741702
PRIX : 14,55 $
0 827924 037048

L'Orpailleur Blanc

Vignole de l'Orpailleur 2016

Cantons-de-l'Est

CODE SAQ : 00704221

PRIX : 14,95 $

0 827924 004019

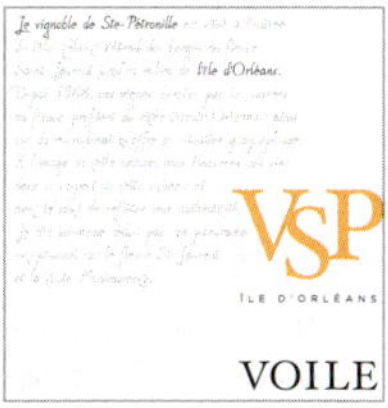

Voile de la Mariée

Vignoble Sainte-Pétronille 2015

Région de Québec

CODE SAQ : 00733725

PRIX : 15,30 $

0 827924 022013

Côte d'Ardoise

Domaine des Côtes d'Ardoise 2014

Montérégie

CODE SAQ : 00734889

PRIX : 16,00 $

0 827924 003036

Vidal

Domaine les Brome 2015

Cantons-de-l'Est

CODE SAQ : 10522540

PRIX : 16,75 $

0 827924 059132

Pinot Gris

Domaine St-Jacques 2016

Montérégie

CODE SAQ : 12981301

PRIX : 21,35 $

0 827924 079123

Phénix

Vignoble Rivière du Chêne 2015

Basses-Laurentides

CODE SAQ : 12445074

PRIX : 21,60 $

0 827924 036249

TOP 10

VINS À OFFRIR EN CADEAUX

On a tous un ami ou un membre de la famille qui est follement amoureux du vin. On aimerait lui offrir une belle bouteille, mais on a souvent l'impression que cette personne a presque tout goûté. Si vous désirez surprendre quelqu'un avec une cuvée un peu plus haut de gamme, moins connue, différente et/ou issue d'un plus petit domaine, donc disponible en moindre quantité à la SAQ, voici 10 fioles qui devraient faire sourire le chanceux ou la chanceuse qui la recevra en cadeau !

Malbec
Achaval Ferrer 2015
Mendoza/Argentine
CODE SAQ : 11473268
PRIX : 30,75 $
7 798091 111110

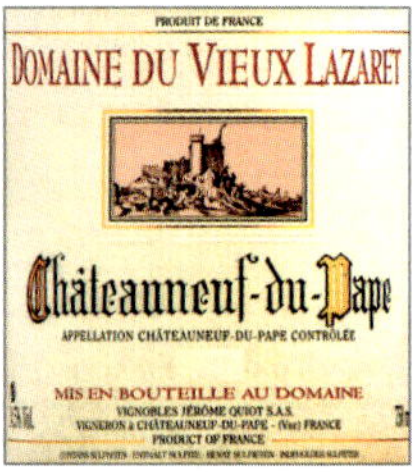

Châteauneuf-du-Pape
Domaine du Vieux Lazaret Blanc 2015
Rhône/France
CODE SAQ : 13047633
PRIX : 37,00 $
3 345120 134110

Produttori del Barbaresco
2013
Piémont/Italie
CODE SAQ : 12558909
PRIX : 37,10 $
8 025022 000021

La Rose Pauillac
Louis Roche 2012
Bordeaux/France
CODE SAQ : 11873667
PRIX : 45,75 $
3 399732 010768

1er Cru Fourchaume
William Fèvre 2014
Bourgogne/France
CODE SAQ: 00518498
PRIX: 53,50$
3 443620 010771

Gevrey-Chambertin
Bouchard Père & Fils 2014
Bourgogne/France
CODE SAQ: 00918284
PRIX: 56,25$
3 337690 168596

The FMC
Ken Forrester 2015
Afrique du Sud
CODE SAQ: 10703033
PRIX: 61,50$
6 009607 660390

Brunello di Montalcino
Casanova di Neri 2011
Toscane/Italie
CODE SAQ: 10961323
PRIX: 64,25$
8 025862 080009

Gran Reserva Selección Especial
Montecillo 1994
Rioja/Espagne
CODE SAQ: 10469339
PRIX: 71,00$
0 022851 223018

Reserve Cabernet Sauvignon
Robert Mondavi 2013
Californie/États-Unis
CODE SAQ: 00705285
PRIX: 144,50$
0 083085 220327

TOP 10

VINS DE GARDE

Si vous avez de la patience et une bonne « cachette secrète », cette section du livre est pour vous ! Aimeriez-vous mettre à l'horizontale une série de bonnes bouteilles à ouvrir seulement dans une décennie ? Si oui, les vins que je vous propose ici sont aptes à faire une sieste de quelques années dans votre réserve personnelle. Bien à l'abri de la lumière, des variations de température, des vibrations et des odeurs fortes, ces cuvées pourront somnoler de 8 à 15 ans sans trop de soucis et être encore tout à fait en forme à leur ouverture.

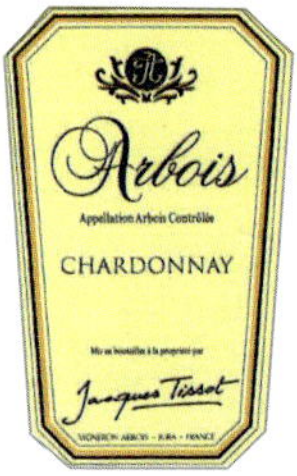

Arbois
Jacques Tissot 2013
Jura/France
CODE SAQ : 12722158
PRIX : 24,95 $
3 760219 920007

Cahors
Château du Cèdre 2013
Sud-Ouest/France
CODE SAQ : 00972463
PRIX : 27,15 $
3 516483 796257

Priorat FA 206
Mas Igneus 2012
Catalogne/Espagne
CODE SAQ : 10358671
PRIX : 28,95 $
8 437005 078031

La Pucelle de Romorantin
Henry Marionnet 2015
Loire/France
CODE SAQ : 12825798
PRIX : 31,75 $
3 510170 000184

Bandol

Domaine du Gros'Noré 2013

Provence/France

CODE SAQ : 12930926

PRIX : 40,25 $

Barolo Riva del Bric

Paolo Conterno 2013

Piémont/Italie

CODE SAQ : 10860223

PRIX : 40,25 $

Amarone della Valpolicella

Tedeschi 2013

Vénétie/Italie

CODE SAQ : 00522763

PRIX : 41,35 $

Heissenberg Riesling

Domaine Ostertag 2012

Alsace/France

CODE SAQ : 00739813

PRIX : 43,00 $

Châteauneuf-du-Pape

Château Mont-Redon 2012

Rhône/France

CODE SAQ : 00856666

PRIX : 44,25 $

Madiran Cuvée Prestige

Château Montus 2009

Sud-Ouest/France

CODE SAQ : 12215914

PRIX : 70,25 $

TOP 10

VINS MUTÉS, MOELLEUX ET LIQUOREUX

Avez-vous la dent sucrée? Aimeriez-vous bien accompagner une tarte aux fruits, une crème brûlée, un lobe de foie gras? Voici une dizaine de vins blancs et rouges qui possèdent du sucre résiduel. Des Vendanges Tardives, des vins mutés, des Sélections de Grains Nobles et des Vins de Glace qui en feront plier plus d'un du genou. Il est à noter que certaines cuvées sont proposées en format de 200 ml, de 375 ml ou de 750 ml. Pour en profiter pleinement, servez ces vins assez frais, mais pas glacés.

Xérès Papirusa Solera Reserva
Lustau
Andalousie/Espagne
CODE SAQ: 11767565
PRIX: 12,60$

0 097985 274021

Late Harvest
Luis Felipe Edwards 2015
Colchagua/Chili
CODE SAQ: 11904460
PRIX: 12,85$

7 804414 002604

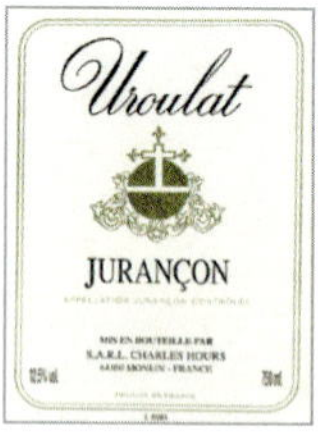

Jurançon Uroulat
Charles Hours 2014
Sud-Ouest/France
CODE SAQ: 00709261
PRIX: 18,95$

3 760091 251213

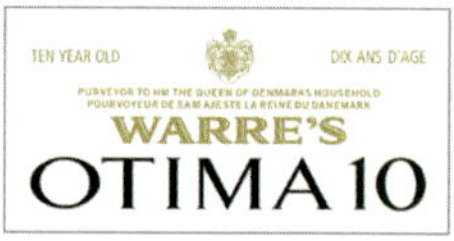

Porto Warre's Otima 10
Symington Family
Douro/Portugal
CODE SAQ: 11869457
PRIX: 24,00$

5 010867 101982

Banyuls Rimage

Domaine La Tour Vieille 2015

Languedoc-Roussillon/France

CODE SAQ : 00884908

PRIX : 25,60 $

3 760087 610017

Sauternes

Château Bastor-Lamontagne 2010

Bordeaux/France

CODE SAQ : 11016067

PRIX : 27,55 $

3 382360 111204

Loupiac

Château les Roques 2009

Bordeaux/France

CODE SAQ : 00895425

PRIX : 29,90 $

3 519132 091222

Vin de Glace

Vignoble du Marathonien 2014

Québec/Canada

CODE SAQ : 11745788

PRIX : 32,55 $

0 827924 017095

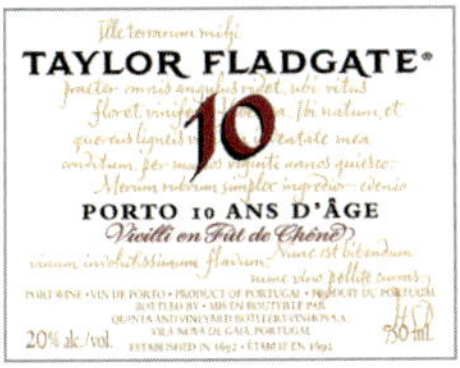

Porto Tawny 10 ans

Taylor Fladgate

Douro/Portugal

CODE SAQ : 00121749

PRIX : 33,75 $

5 013626 111284

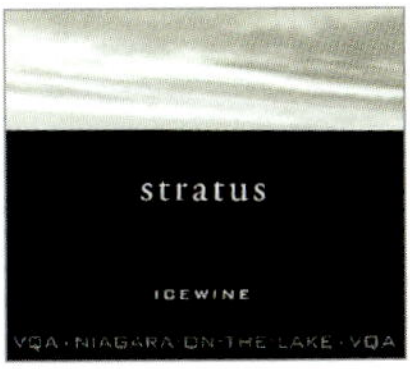

Riesling Icewine

Stratus 2015

Ontario/Canada

CODE SAQ : 10856937

PRIX : 41,75 $

0 628116 003557

6

PILLITTERI
ESTATES
Winery

KONZELMANN
ESTATE WINERY

HENRY of PELHAM
Family
Estate

NIAGARA

Ma «petite parcelle» de pèlerinage annuel
Sur la route de Niagara!

La route nous semblait quasi infinie, à ma sœur et moi, au début des années 1980, quand nous allions dans la région de Niagara en partant de notre Estrie natale. Nous y allions à l'époque pour voir les majestueuses chutes, jouer dans les arcades, visiter les musées de cire... Chemin faisant, notre mère s'arrêtait au célèbre Château des Charmes pour saluer la famille Bosc et goûter un ou deux vins. Vous aurez compris que le petit gars de 8 ou 9 ans que j'étais n'avait aucun intérêt à visiter un vignoble, alors ma sœur et moi restions dans l'auto pour jouer ensemble. Jamais, au grand jamais je n'aurais cru retourner là-bas par moi-même, et ce plus d'une vingtaine de fois, tout en prenant un grand plaisir à chaque visite... J'y vais tous les mois de mai depuis plus de 15 ans, et c'est la meilleure façon de commencer le printemps! Merci à toi, maman!

Allons donc droit au but, les amis! Vous avez le *guts* de rouler près de sept heures en auto (en partant de Montréal), vous avez envie de déguster des dizaines de bonnes cuvées, vous désirez rencontrer les vignerons de la péninsule du Niagara? Si oui, les prochaines lignes sont pour vous! Voici quelques-uns de mes vignobles chouchous, des personnes à joindre et des flacons coups de cœur des domaines qui, selon moi, sont à ne pas manquer dans la région.

Petit truc de pro: si vous décidez d'aller les visiter, passez un petit coup de fil aux propriétaires quelques semaines à l'avance pour les prévenir, car, tout comme vous, ce sont des gens fort occupés. Un voyage de vin, ça se prépare si on ne veut pas être reçu comme un «touriste»!

S'il s'agit de votre première visite dans cette célèbre région ontarienne, vous vous devrez d'aller visiter les classiques et incontournables installations d'Inniskillin, du Château des Charmes ou de Jackson-Triggs.

À une trentaine de minutes des chutes, je vous recommande chaudement d'aller rencontrer Charles Baker ou Jean-Laurent Groux, chez Stratus. Ce petit domaine élabore des cuvées de haute voltige qui vous en mettront assurément plein les papilles ! Oubliez les vins pâteux, sucrés et bien garnis de copeaux de bois, on est à cent lieues de là !

Vous devrez également faire une halte chez Tawse pour aller serrer la pince et jaser avec Daniel Lafleur et/ou Paul Pender. Ils élaborent des chardonnays, des pinots noirs et des cabernets francs presque sans rivaux. Tout est en biodynamie et l'endroit est magnifique.

Quand on parle de producteurs qui roulent leur bosse depuis longtemps et qui sont fort appréciés de leurs pairs, il faut saluer les trois frères Speck chez Henry of Pelham. Paul, Daniel et Matthew sont d'une simplicité et d'une humilité déstabilisantes. Ne passez pas là sans goûter leur délicieux Baco Noir Réserve !

À environ 75 minutes de route au sud de Toronto, faites un stop chez Megalomaniac pour rencontrer le talentueux vinificateur Sébastien Jacquey ou le grand manitou des parages, John Howard, que certains ont rebaptisé « le Robert Mondavi du Niagara ». Ils élaborent des cabernets de fort bonne mouture.

Si vous êtes un mordu de riesling, il faudra vous arrêter chez Cave Spring pour en goûter deux ou trois. C'est leur spécialité et leur cuvée baptisée CSV est à couper le souffle ! Les amoureux de vin de glace devront se rendre au vignoble de Pillitteri. On y fabrique des *icewines* avec de multiples cépages, et nombre de leurs bouteilles ont été médaillées. Vous aurez peut-être la chance de croiser Charlie Pillitteri qui tient les rênes du domaine.

Pour rentrer vers Toronto, puis vers le Québec, vous emprunterez l'autoroute Queen Elizabeth Way (QEW). Prenez la sortie 51 et rendez-vous au vignoble 13th Street à St. Catharines. Votre « dessert » sera la rencontre avec l'un des meilleurs œnologues du pays, Jean-Pierre Colas. Vous allez rire, déguster de bons produits et faire la connaissance de tout un personnage…

Bonne route !

13th
STREET
WINERY

INNISKILLIN
ICEWINE
GRAPES

INDEX

ROSÉ

BLANC

ROUGE

VINS POUR LES MARIAGES ET AUTRES RÉCEPTIONS

VINS MOUSSEUX

CHAMPAGNES

VINS D'APÉRO

VINS DU QUÉBEC

VINS À OFFRIR EN CADEAUX

VINS DE GARDE

VINS MUTÉS, MOELLEUX ET LIQUOREUX

REMERCIEMENTS

Par où et par qui débuter? Parce que, oui, ce 7e livre de suggestions de vins porte mon nom, mais seul et sans l'aide de personne, je n'aurais jamais pu lui donner le jour. D'abord, MERCI à vous, les amis! C'est grâce à vous — les curieux, les épicuriens, les gourmands, les amateurs de bonne chère, les passionnés et autres amoureux de la divine bouteille — vous qui achetez ce bouquin, année après année, que nous pouvons sans cesse en rédiger de nouvelles éditions. Merci à vous d'avoir mis la main sur ce nouveau guide!

D'entrée de jeu, je dois saluer la super gang des Éditions de l'Homme. Depuis notre toute première rencontre au printemps 2010, notre collaboration s'est toujours déroulée sous le signe de l'écoute et du respect. Merci beaucoup Judith Landry, Émilie Mongrain, Diane Denoncourt et toute l'équipe de nous avoir fait confiance depuis le jour 1 ! Je gagerais un «p'tit deux» que nous ferons encore équipe pour de nombreux millésimes...

Mon équipe est petite, mais tissée bien serré : deux collaborateurs, ma douce et votre marchand de bonheur, ça s'arrête là. Même si j'ai écrit tous les textes de ce livre, un tel boulot ne se fait vraiment pas en solo. Le respecté et dévoué Mathieu St-Amour m'endure semaine après semaine, pas moins de six mois par année, dans notre petit labo. Merci, Mat, pour ton bon jugement, ton super pif, ton humilité... Tu m'impressionnes un peu plus chaque jour et je suis très fier de travailler avec toi! C'est sous la supervision de Mario Landry, qui scrute, analyse, corrige et façonne avec nous cet ouvrage, que nous avons produit les trois dernières éditions. Tu es un homme fidèle, d'un contrôle quasi inébranlable, d'une admirable logique, et un gars extrêmement travailleur qui a de formidables valeurs familiales. Merci, Super Mario, d'être entré dans notre vie! Merci aussi à Jennifer Lizotte et à Yannick Beaulieu qui ont mis quelques heures à leur façon dans ce beau projet.

Un gros merci à mes collègues de TVA, d'Énergie, de Rouge FM, du *Journal de Québec*, de l'École hôtelière de la Capitale et des Sélections Mondiales des Vins Canada ! Vous me donnez la chance de faire ce que j'aime le plus au monde : écrire et parler de vin. C'est à la fois un plaisir et un honneur de vous côtoyer depuis toutes ces années.

Depuis un petit bout de temps, mon train-train quotidien est un véritable feu roulant. J'aime l'action et je suis capable d'en prendre ! Heureusement, pour calmer ma fougue, me remettre les pieds sur terre et surtout pour gérer mon horaire un peu rock 'n' roll, il y a Sonia Gagnon, de l'agence éponyme. Une femme de grande classe, que j'admire et qui sait si bien nous représenter. Tu es une perle rare, un grand cru et une personne indispensable pour moi, Sonia. Je t'aime fort !

Merci aux agences en vins, bières, cidres et spiritueux du Québec qui nous font spontanément parvenir échantillons et fiches techniques. Vous avez fait preuve d'une grande confiance en nous, et nous vous en sommes grandement reconnaissants.

Je salue et remercie ma famille qui m'accepte dans cette grandissante passion malgré un horaire assez intense. Ma maman Michèle, ma petite sœur Édith et ses deux filles que j'adore, Stéphane mon sympathique beau-frère, la belle-famille en Beauce, la famille Lapeyrie à Sainte-Rose, ainsi que tout le reste de la famille qui profite du beau et chaud climat méditerranéen de la Corse. Gros bisous à vous tous !

Un merci tout spécial à ma belle Beauceronne ainsi qu'à mes deux exceptionnels petits fistons ! Pascale Labrecque, tu es celle qui me prend comme je suis, qui accepte mes folies, qui embarque dans mes mille et un projets, celle qui m'a offert Thomas, puis Théo, deux petits cocos bourrés de vie et d'énergie.

Vous êtes tous les trois ma véritable raison d'être. Je suis un papa heureux et comblé, je vous aime plus que tout au monde et je serai toujours là pour vous, ma famille.

Cette 7e édition est dédiée au sommelier Ghislain Caron. Mon ancien coloc et ami de longue date m'a transmis sa passion pour le vin. Ghis, sans trop t'en rendre compte, tu m'as ouvert les portes d'un monde merveilleux. Je t'admire et tu m'inspires intensément, mon vieux chum. Je te remercie pour tout ce que tu as fait pour moi.

TABLE DES MATIÈRES

Suivez-nous sur le Web

Consultez nos sites Internet et inscrivez-vous à l'infolettre pour rester informé en tout temps de nos publications et de nos concours en ligne. Et croisez aussi vos auteurs préférés et notre équipe sur nos blogues!

EDITIONS-HOMME.COM
EDITIONS-JOUR.COM
EDITIONS-PETITHOMME.COM
EDITIONS-LAGRIFFE.COM
RECTOVERSO-EDITEUR.COM
QUEBEC-LIVRES.COM
EDITIONS-LASEMAINE.COM

Cet ouvrage a été achevé d'imprimer sur les presses
d'Imprimerie Transcontinental, Beauceville, Canada